한국어 만세 시리즈

한국어 교육 입문 ❷

교육 내용 편

이윤진 · 이은경 공저

학지사

머리말

"한국어 교사는 구체적으로 어떤 일을 하는 사람인가요?"
"내 적성과 능력이 한국어 교사에 맞을지 모르겠어요."
"한국어 교사가 되려면 무엇부터 시작해야 하나요?"
"한국어 교실에서는 실제로 어떻게 가르치나요?"

한국어 교육에 관심을 갖기 시작한 예비 교사와 한국어 교육을 시작한 지 얼마 안 된 초보 교사들에게서 자주 듣는 질문입니다. 한국어 교육에 첫발을 내딛었던 시기에 필자가 가졌던 것과 같은 고민이기도 합니다. 그때를 떠올려 보면, 한국어 교사가 되는 길이나 한국어 교사로서 겪게 되는 시행착오에 대해 편하게 조언을 구할 선배 교사(멘토)가 절실했습니다. 그리고 선배 교사의 생생한 경험이 후배들에게 전수되고 공유될 수 있는 기회가 충분하지 않은 점이 늘 안타까웠습니다.

예비 혹은 초보 한국어 교사들이 지금 꼭 듣고 싶은 이야기는 딱딱한 이론보다는 풍부한 경험을 바탕으로 한 선배 교사들의 이야기일 것입니다. 오랜 기간 『한국어 교육 입문』의 집필을 준비하면서, 우선 필자가 한국어를 가르치면서 궁금했고 방법을 몰라 당황했던 기억들을 떠올려 보았습니다. 그와 동시에 실제 교육 현장에 있는 여러 교사들의 이야기에도 열심히 귀를 기울이고, 한국어 교육에 관심을 둔 사람들이 무엇을 가장 궁금해하는지도 다각도로 알아보았습니다. 이를 통해 한국어 교육 분야에서 가장 필요하면서도 중요하다고 판단되는 주제를 선정하고, 각 주제별로 교육 현장의 경험과 실제 에피소드를 담았습니다. 또한 한국어교육능력검정시험의 필기 및 면접 시험을 대비하는 데 도움이 되도록 각 에피소드에 담긴 교육적 의미를 설명하고, 한국어교육학 입문자(또는 전공자)가 주요 이론과 개념을 공부하는 데 활용할 수 있도록 참고 논저를 소개하였습니다.

『한국어 교육 입문』의 특징은 다음과 같습니다.

첫째, 선배 교사로부터 직접 이야기를 듣는 느낌으로 가볍게 읽을 수 있도록 구성하였습니다.

둘째, 한국어 교육의 주요 '키워드'를 중심으로 관심 있는 내용부터 찾아 읽을 수 있으며, 교재의 어느 부분부터 읽어도 이해하는 데 지장이 없도록 하였습니다.

셋째, 실제 한국어 수업에 활용할 수 있도록, 강조해야 할 수업 내용 및 수업 관련 노하우를 담았습니다.

넷째, 독자의 수준과 흥미에 따라 각 단원의 내용을 유용하게 활용할 수 있도록 구성하였습니다. 일러스트와 '생각해 보기'를 본문 앞에 제시하여 단원별 내용을 유추하고 동기를 부여할 수 있도록 하고, 본문의 뒤에는 '한 걸음 더', '이것만은 꼭', '생각해 보기 확인', '참고'를 두어 단원의 주요 내용을 정리하고 더욱 심도 있는 공부를 하는 데 유용한 팁을 제공하였습니다.

〈한국어 만세 시리즈〉의 첫 성과물인 『한국어 교육 입문』에서는 다음과 같은 내용을 다룹니다.

『한국어 교육 입문 – 교육 현장 편』에서는 한국어 교육의 주체인 '교사', '학습자', '교실(수업)'을 중심으로 살펴봅니다.

『한국어 교육 입문 – 교육 내용 편』에는 한국어 교사로서 알아야 할 지식과 교수 방법을 담았습니다.

『한국어 교육 입문』에서 들려 드리는 한국어 교육 이야기가 한국어 교육자의 길을 꿈꾸며 준비하고 계신 분들이나 한국어 교육 현장에서 고군분투하시는 선생님들께 조금이나마 힘이 되었으면 좋겠습니다. 또한 이 책을 통해 많은 한국어 교육 현장의 이야기가 모이게 되기를 희망합니다.

2015년 10월
이윤진, 이은경 드림

책의 구성

[키워드 중심의 단원명]
독자의 학습 동기를 유발하고 독자가 관심 있는 단원을 쉽게 찾을 수 있도록 단원명에 '한국어 교육 키워드', '에피소드 관련 내용 제목', '교육적 시사점'의 세 가지 정보를 함께 담았습니다.

[단원의 핵심 내용을 함축하는 일러스트]
각 단원의 내용을 본격적으로 읽기에 앞서, 한국어 교육 에피소드를 생생하게 전달할 수 있는 일러스트를 제시하였습니다.

[예비/초보 한국어 교사의 다양한 질문에서 출발하기]
예비 혹은 초보 한국어 교사가 가질 수 있는 궁금증을 생각풍선 안에 제시하였습니다. 이를 통해 각 단원의 핵심 내용에 대한 관심과 흥미를 유발할 수 있도록 하였습니다.

['생각해 보기'로 스스로 진단하기]
간단한 퀴즈를 통해 본격적인 학습을 준비할 수 있도록 합니다. 이를 통해 한국어 교육에 대한 논의거리를 공유하고 자신의 생각을 정리해 볼 수 있습니다.

🏛 중국인 무무와 일본인 링코 이야기

　중국인 무무와 일본인 링코는 단짝이다. 같은 하숙집에 살면서 늘 한국어로 말하기 연습을 한다. 두 친구의 요즘 화두는 한국에서 한자어 사용의 어려움에 대한 것이다.

　한국어, 중국어, 일본어는 같은 한자라도 뜻이 다르거나 쓰이는 상황이 달라서 뜻하지 않은 실수를 하게 된다. 특히 한국어로 숫자 읽기는 '한, 두, 세, 네'와 같이 고유어로 읽는 방법과 '일, 이, 삼, 사'와 같이 한자어로 읽는 방법이 있어서 여간 혼동되는 것이 아니다.

　　　무무와 링코, 같은 하숙집의 또 다른 친구 쌩이서 식당에 갔을 때의 일이다. 종업원이 '모두 몇 분'이냐고 물었다. 무무는 당당하게 '삼 분'이라고 답했다. 그러자 종업원이 '네? 삼 분 후에 오신다고요?'라고 반문했다. '그게 아니고요, 우리는 모두 삼 사람이에요.'라고 링코가 고쳐 말하자, 종업원

[스토리텔링 형식의 본문과 사례 제공]

쉽게 읽으면서도 단원의 내용을 이해하는 데 길잡이가 될 수 있도록 본문을 스토리텔링 형식으로 구성하였습니다. 내용 제목을 넣어 흥미가 있는 부분을 먼저 찾아 읽어도 흐름을 따라갈 수 있도록 하였습니다.

[본문 내용과 관련된 팁]
본문의 이해를 돕고 보충 자료를 제공하기 위한 팁을 반영하였습니다.

🔑 국어 교육과 외국어로서의 한국어 교육

국어 교육과 한국어 교육의 차이에 대해 박갑수(1997: 253)는 다음과 같이 설명한다.

　국어 교육과 외국어로서의 한국어 교육은 천양지판으로 다른 것이다. 국어 교육은 이미 우리말을 아는 사람에게 우리말을 바로 쓰게 가르쳐 주는 것이다. 이에 대해 외국어로서의 한국어 교육은 우리말을 모르는 사람에게 우리말을 유창하게 하도록 지도하는 것이다. 외국어로서의 한국어 교육은 이러한 학습의 차이부터 알고 들어가지 않으면 안 된다.

참고. 박갑수(1997), 한국어로서의 한국어 교육 -그 현황과 과제, 나라말씀 12.

■ 한 걸음 더 ■
대표적인 덩어리 표현인 연어, 관용 표현, 속담에 대해 더 상세히 알아보려면 다음의 논저를 참고할 수 있다.

서상규(2002), 한국어 정보 처리와 연어 정보, 국어학 39, 521～560쪽.
임은하(2013), 속담 사용 능력 향상을 위한 속담 지도 방안 연구, 외국어로서의 한국어 교육 39, 247～276쪽.
진제영(2001), 한국어 관용표현의 교육 방안, 한국어 교육 12-2, 181～199쪽.
최권진(2008), 속담을 활용한 한국어교재 개발의 실제, 국어교육연구 21, 247～278쪽.
한송화 · 강현화(2004), 연어를 이용한 어휘 교육 방안 연구, 한국어 교육 15-3, 295～318쪽.

[심도 있는 학습을 위한 논저 추천]
단원의 내용과 관련하여 심도 있는 학습을 하고자 하는 독자, 풍부한 교육 자료를 찾고 있는 한국어 교육자 및 연구자에게 유용한 정보를 제공하였습니다.

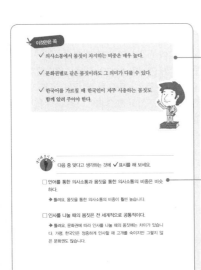

[핵심 내용의 최종 확인]
각 단원에서 학습한 내용을 다시 한 번 짚고
넘어갈 수 있도록 최종적으로 요점을 정리하
였습니다.

[생각해 보기 확인]
단원의 앞에 제시된 '생각해 보기' 문제에 대
한 해설을 제공하여 한국어 교육에 대한 이
해의 폭을 넓힐 수 있도록 돕습니다.

[참고]
각 단원에서 학습한 내용을 확장해 나아갈
수 있도록 관련 논저의 주요 내용을 소개하
거나 교육 현장에서 활용할 수 있는 실제적
인 자료를 제공하였습니다.

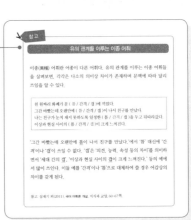

머리말   3

| 제1부

한국어, 무엇을 가르칠 것인가   15

01 국어 말고 한국어를 가르치라 ➤ 국어와 한국어   16

　　우리말이 유창하지 않은 사람은 한국어를 배운다

　　참고 • 한국어교수학습샘터   28

　　　　 • 서술어의 자릿수   29

02 세계에서 가장 빨리 배우는 글자 ➤ 한글 원리   30

　　제자 원리를 알면 더욱 쉬워지는 한글

　　참고 • 한글어, 코리아어?   32

　　　　 • 한글의 이름   33

　　　　 • 한글 자음의 이름은 왜 '기역', '니은', '디귿'일까   43

03 잘 못하는 것과 잘못 하는 것 ➤ 띄어쓰기   44

　　명확한 의미 전달을 위해 중요한 띄어쓰기

　　참고 • 자주 헷갈리는 띄어쓰기 사례   57

04 '신촌'에 가려고 했는데 '시청'으로 가 버렸어요 ➤ 발음   58

　　무조건 따라 하기보다는 소리 내는 방법을 가르쳐야

차
례

| 제2부

어휘·문법, 어떻게 제시할 것인가　73

05 조사를 잘 써야 한국어다워진다　➤ 조사　74

　　조사를 효과적으로 가르치는 방법

　　참고 · 안은 문장과 안긴 문장　84

　　　　· 은/는 vs 이/가　84

　　　　· '은/는' 과 '이/가' 구분하기　89

　　　　· 격조사와 보조사　90

06 날씨가 춥어요. 문을 달으세요　➤ 용언의 활용　91

　　불규칙 용언의 변화를 외우는 노하우

　　참고 · 용언의 활용이란　94

　　　　· 한국어의 불규칙 용언 활용표　101

07 만나고 갔니, 만나서 갔니　➤ 유사 문법　105

　　미묘한 차이는 적절한 상황 제시를 통해 설명하라

　　참고 · 유사 문법의 의미와 기능의 차이　115

　　　　· 문법 항목 표시 어떻게 할까　117

08 삼 분과 세 분의 차이　➤ 고유어, 한자어, 외래어　120

　　숫자를 고유어로 읽을 때와 한자어로 읽을 때를 구분하라

　　참고 · 유의 관계를 이루는 이종 어휘　131

09 발음은 같아도 뜻이 달라　➤ 어휘 확장　132

　　어휘에도 생산성이 있다

　　참고 · 한자어를 통한 어휘 확장 사례　142

10 우리는 단짝 어휘 ↘ 덩어리 표현 144

어휘에는 고정적으로 함께 쓰이는 덩어리 표현이 있다

참고 • 한국어의 연어 154

• 한국어의 관용 표현 158

• 한국어의 속담 163

| 제3부
한국문화·의사소통, 어떻게 접근할 것인가 167

11 어떻게 부르고 어떻게 불리나 ↘ 호칭 168

한국어의 호칭은 이름보다 관계 중심

참고 • '당신'과 '자기' 그리고 '너' 173

12 밥 한번 먹자 ↘ 인사 179

한국인이 자주 하는 인사 표현

참고 • 언어권별 인사 표현 비교해 보기 191

13 또 다른 언어 ↘ 몸짓 192

말보다 몸이 먼저 메시지를 전한다

14 따로 또 같이 ↘ 언어 기능 205

들어야 말하고 읽어야 쓴다

참고 • 특정 언어 기능별 집중 수업 217

15 나는 오늘 학교에 갔다가 왔다. 참 지루했다 ↘ 쓰기 218

재미있게 쓰기 훈련을 할 수 있는 다양한 방법

참고 • 서로의 글을 고쳐 주는 인터넷 사이트 225

• 다양한 일기 주제 229

| 한국어 만세 시리즈 1권 차례

제1부 한국어 교사, 나는 누구인가

01 작은 재능이 빛나는 순간
수업에 활용할 수 있는 자신의 재능 발굴하기

02 한국인이라면 누구나?
누구나 될 수 있지만 아무나 될 수 없는 한국어 교사

03 한국어 교사가 되는 길
자신의 목표와 상황에 맞는 한국어 교사의 길 찾기

04 한국어 선생님의 한국어가 이상해
교사말에는 교육적 의도가 담겨 있다

05 한국어 교사, 나는 누구인가
한국어 교사에 대해 가지고 있는 선입견 혹은 진실

제2부 한국어 학습자, 그들은 누구인가

06 그들은 왜 한국어를 배울까
한국어를 배우는 동기와 목적이 한국어 교육의 출발점이다

07 한국어를 못한다고 해서 어린아이는 아니다
한국어 능력은 부족해도 성인으로 인정받기를 기대한다

08 학습자가 경험하는 세상 이야기
학습자들이 실제로 부딪히는 상황을 고려하라

09 모국어가 외국어 학습에 미치는 영향
모국어는 내가 새로운 언어를 배우는 것을 방해한다

10 실수 없이 언어를 배울 수 있을까
　　학습자의 말에는 현재 수준과 처방에 대한 단서가 있다

제3부 한국어 교실, 어떤 일이 일어날까

11 내가 모르는 걸 물으면 어떡해
　　학생들의 갑작스러운 질문에 대처하는 방법

12 끼리끼리 모이면 좋을까, 나쁠까
　　학생의 언어, 수준을 고려하여 반을 나누라

13 수업의 시나리오
　　수업이라는 무대에서 교안이 없다면

14 한국어 교사는 빨간펜 선생님?
　　완벽하게 고치기보다 효과적으로 고치라

15 나, 떨고 있니
　　교사라면 누구나 한 번은 겪게 될 생애 첫 수업을 위한 노하우

16 숙제를 반기는 학생은 없다
　　재미있는 숙제에는 몇 가지 비법이 있다

한국어 만세 시리즈 ❷

제1부

한국어,
무엇을 가르칠 것인가

01 국어 말고 한국어를 가르치라

02 세계에서 가장 빨리 배우는 글자

03 잘 못하는 것과 잘못 하는 것

04 '신촌'에 가려고 했는데 '시청'으로 가 버렸어요

01 국어 말고 한국어를 가르치라

우리말이 유창하지 않은 사람은 한국어를 배운다

● 교회에서 운영하는 다문화 교실에서 한국어 자원봉사를 하고 있는 B씨. 한국어 문법을 어떻게 가르칠까 고민 중이다. 마침 중학생인 조카가 보고 있는 국어 참고서를 펼쳐 보니 '품사', '문장 성분', '형태소' 등의 문법 용어가 나온다. 이것을 외국인에게 그대로 가르쳐야 하는 건지, 외국인에게 한국어 문법을 가르칠 때는 뭔가 다른 방법이 있는 건지 잘 모르겠다.

● 경력단절주부 J씨. 미래를 위해 한국어교원자격증 도전을 진지하게 고려 중이다. 대학에서 국문학을 전공했으니 한국어를 쉽게 가르칠 수 있을 거라 생각해서다. 그런데 '국어'와 '한국어'의 차이를 명확하게 설명하는 것도 쉽지 않다.

생각해 보기

다음 중 맞다고 생각하는 표현을 찾아보세요.

● 승호는 서울에 있는 중학교에 재학 중이다. 승호는 학교에서 배우는 여러 교과목 중에서 (국어 / 한국어)를 가장 좋아한다.

● 교포 3세인 미라 씨는 (국어 / 한국어)를 배우려고 여름 방학에 한국을 찾았다.

● 요즘 해외의 한류 팬이 급증하면서 여러 언어로 된 (국어 / 한국어) 교재가 잇따라 출간되고 있다.

🏠 국어와 한국어

최근 한국어를 가르치는 일에 관심을 두는 사람들이 급증하면서 자주 듣는 질문이 있다.

'국어'와 '한국어'는 같은 개념인가요?

대학 때 국문학을 전공한 사람이라면 누구나 쉽게 외국인에게 한국어를 가르칠 수 있나요?

우리는 '국어'와 '한국어'라는 말을 혼용하면서도 은연중에 '국어 교육'과 '한국어 교육'을 구분 지어 말한다. 하지만 막상 그 차이를 설명하려고 하면 막연하다. 한국어를 가르치는 일에 관심을 둔 사람이라면 다음 두 가지에 대해 먼저 자문해 보자.

- 한국인이 국내의 중·고등학교에서 배우는 여러 교과목 이름 중 하나를 가리킬 때 '국어'라 하는가, '한국어'라 하는가?
- 외국인이 우리나라 말을 배우기 위하여 다니는 기관은 '국어학당'인가, '한국어학당'인가?

'국어'와 '한국어'가 지칭하는 바가 본질적으로 다른 것은 아니다. 한반도에 거주하는 사람들이 사용하는, 엄밀히 말하면 한반도의 남쪽에 거주하는 사람들이 사용하는 우리말이 바로 '국어' 또는 '한국어'다. 그런데 우리가 학교에서 우리말에 대해 배우는 교과목을 '국어'라 하고 외국인들이 배우는 우리말을 '한국어'로 구분하여 부르는 것은 그 본질의 차이가 아니라 관점의 차이 때문이다.

'국어'란 한 국가의 국민들이 쓰는 그 나라의 언어라는 뜻으로, 자국민이 자국어를 가리킬 때 쓴다. 이와 달리 '한국어'는 수많은 언어 중 하나로서 우리말을 가리킬 때 쓰는 표현이다. 따라서 한국인끼리 우리말에 대해 이야기할 때는 '국어'라 하고, 수많은 언어 중 하나로서 우리말을 지칭할 때는 '한국어'라는 표현을 사용하는 것이 자연스럽다.

🏠 국어 교육과 한국어 교육

'국어'와 '한국어'를 구분하여 사용한다면 '국어 교육'과 '한국어 교육'의 특징도 달리 설명할 수 있어야 한다. 국어 교육과 한국어 교육은 무엇이 어떻게 다를까? 우선 누가, 누구를 대상으로, 왜 가르치는지부터 생각해 보자.

우리는 초등학교 때부터 정규 교과목인 국어 시간에 우리말에 대해 배운다. 이는 한국 사람이 일상생활에서 한국어(우리말)로 소통하는 데에 어려움을 느껴서가 아니라 모국어에 대해 더 잘 알고 모국어를 보다 바르게 쓰기 위해서다. 국어 교육은 한국인이 한국인을 대상으로, 한국어로 진행하는 것이 일반적이다.

반면 한국어 교육은 한국어를 잘 모르는 사람을 대상으로 이루어지며 '한국어에 대한 지식'이 아니라 '한국어를 사용하는 방법'을 가르치는 것에 중점을 둔다. 수업은 학습자의 수준, 연령, 언어권, 배경지식 등을 고려하여 한국어 이외의 언어로도 진행될 수 있다.

이와 같이 '국어 교육'과 '한국어 교육'은 우리말을 가르친다는 점에서 공통점이 있지만 가르치는 대상과 목적에서 확연히 구분된다.

 국어 교육과 외국어로서의 한국어 교육

국어 교육과 한국어 교육의 차이에 대해 박갑수(1997: 253)는 다음과 같이 설명한다.

국어 교육과 외국어로서의 한국어 교육은 천양지판으로 다른 것이다. 국어 교육은 이미 우리말을 아는 사람에게 우리말을 바로 쓰게 가르쳐 주는 것이다. 이에 대해 외국어로서의 한국어 교육은 우리말을 모르는 사람에게 우리말을 유창하게 하도록 지도하는 것이다. 외국어로서의 한국어 교육은 이러한 학습의 차이부터 알고 들어가지 않으면 안 된다.

참고: 박갑수(1997), 외국어로서의 한국어 교육-그 현황과 과제, 나랏말쌈 12.

🏠 국어 교사와 한국어 교사

국어 교사와 한국어 교사는 어떤 일을 하는 사람일까? 국어 교사는 태어나서부터 한국어를 써 온 사람들에게 우리말에 대한 지식을 알리는 역할을, 한국어 교사는 한국어를 모르는 사람들에게 우리말을 이해하고 사용하는 방법을 가르치는 역할을 한다는 점에서 차별화된다. 중·고등학교의 국어 교사와 외국인을 위한 한국어 교사가 하는 역할을 짐작해 보면 쉽게 이해할 수 있다.

대학에서 국문학을 전공했지만 현재 경력단절주부인 J씨는 한국어 교사가 되는 길을 찾고 있다. 우리말에 대해 알아야 할 지식의 측면에서는 J씨가 국문학 비전공자보다 유리하겠지만, 그렇다고 해서 J씨가 한국어를 쉽게 가르칠 수 있을까? J씨는 외국어 또는 제2언어로서 한국어를 배우는 학습자들에게 우리말을 가르칠 때 무엇을, 어떻게, 어떤 순서로 가르쳐야 하는가에 대해서 지금까지 한 번도 생각해 본 적이 없다.

반면, 어학 관련 전공자는 아니지만 외국어 배우기를 좋아해서 10여 년간 취미로 다양한 언어를 공부해 온 M씨는 최근 한국어교원양성과정을 다니기 시작했다. 그간의 외국어 학습 경험이 바탕이 되어서인지 한국어를 처음 접하는 '외국인의 입장'을 이해하고 공감하는 능력이 탁월하다.

한국어 교사는 외국어 교육자다. 외국어로서 한국어를 어떻게 가르쳐야 하는가를 고민하고, 가르칠 내용을 세심하고 철저하게 준비해야 하는 사람이다. 따라서 한국어 교사에게는 한국어 교육과 국어 교육의 내용, 방법 등이 서로 어떻게 다른지를 제대로 이해하고 그것을 학습자의 수준에 맞게 잘 전달하는 능력이 요구된다.

한국어 교육의 내용과 방법

한국어 교육에서는 무엇을, 어떤 방법으로 가르쳐야 하며, 이것이 국어 교육과 어떤 점에서 다른지를 살펴보자.

국어 교재의 내용을 그대로 가져와서 외국인들에게 제시한다면 외국인들이 제대로 이해할 수 있을까? 가령, 한국어의 단어를 문법적 성질(형식, 기능, 의미)에 따라 분류한 것이 '품사'라고 설명한 후 그 분류 체계를 다

음과 같이 제시하면 학생들은 얼마나 이해할 수 있을까? 이것은 한국어 의사소통 능력을 기르는 데에 과연 도움이 될까?

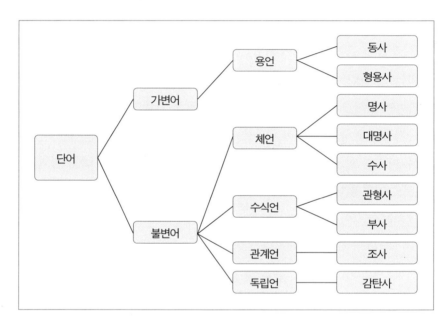

〈한국어의 품사〉

한국어 학습자들에게 절실하게 필요한 것은 품사를 이론적으로 분석하여 한국어에 대한 지식을 쌓는 것이 아니라 오히려 상황별로 자주 쓰이는 실질적인 한국어 표현들을 익히는 것이다. 가령, 학교, 식당, 쇼핑 장소, 우체국, 출입국관리사무소 등에서 사용하는 단어를 우선순위에 따라 제시하고 해당 상황과 연관 지어 기억하도록 하면, 학습자들이 실제로 그 상황에 노출될 기회가 생길 때 배운 표현을 유용하게 사용할 수 있다.

우리는 어떤 단어의 뜻을 잘 알지 못할 때 국어사전을 찾아 뜻풀이를 읽고 도움을 받는다. 그런데 외국인 학습자도 국어사전의 뜻풀이를 참고하는 것만으로 한국어 단어를 제대로 이해하고 사용할 수 있을까?

'약속'이라는 단어의 사전적 정의인 '다른 사람과 앞으로의 일을 어떻게 할 것인가를 미리 정하여 둠'을 이해하는 능력과 이 단어를 유창하게 사용하는 능력은 같지 않다. 외국인 학습자에게는 사전의 뜻풀이보다 어떤 단어를 어떤 상황에서, 누구에게, 어떤 표현과 함께 쓰면 좋은지에 대한 정보가 더 유용하다.

이를테면 '약속'이라는 단어를 학습자의 수준에서 이해할 수 있도록 다음과 같이 제시할 수 있다.

〈'약속'이라는 단어의 뜻을 외국인 학습자에게 제시할 때〉
 선생님은 오늘 오후에 친구를 만날 거예요.
친구하고 2시에 만나기로 했어요.
오늘 친구하고 2시에 만나기로 약속했어요.

그러나 이러한 문장을 알려 주는 것으로도 충분하지 않다. 그들이 '약속'이라는 단어의 상황적 의미를 어느 정도 이해하게 되었다 해도 새로 배운 단어('약속')를 바로 사용하기는 어렵다. 이해 능력이 실제 사용 능력으로 연계되도록 하기 위해서는 몇 가지 중요한 팁이 있다. 한 단어가 어떤 단어와 함께 자주 쓰이는지, 그 단어를 중심으로 앞뒤에 어떤 표현들이 자주 쓰이는지를 알도록 하는 것이다.

'약속'이라는 단어가 일상생활에서 자주 사용되는 예를 들어 보면 다음과 같다.

약속이 있다/없다

약속을 하다

약속을 지키다/어기다

약속을 미루다/연기하다

약속을 취소하다

우리가 외국어를 공부할 때 특정 구문(패턴)을 덩어리 표현으로 외워 두면 매우 유용하다. 한 단어가 특정 단어와 같이 쓰이는 빈도가 높다면 그것을 규칙화할 수 있기 때문이다.

또한 특정 구문을 아는 것에 그치지 않고 실제 문장을 구성할 때 어떤 성분이 들어가야 하는가에 대한 정보도 알아야 한다. 이를테면 '약속을 하다'라는 표현으로 문장을 만들 때는 '누가', '누구와'라는 정보가 반드시 필요하다.

(누가) (누구와) 약속을 하다

한편 '주다'라는 단어로 문장을 구성할 때 어떤 정보(문장 성분)가 필요한지 생각해 보자. 가장 간결하면서도 완결된 문장을 만들어 보면 쉽게 알 수 있다.

(누가)	(누구에게)	(무엇을)	**주다**
요우코가	알리에게	책을	주었다.

이와 같이 '주다'는 '누가', '누구에게', '무엇을'이라는 세 가지 정보를 반드시 요구한다는 것을 알 수 있다(이에 대한 구체적인 내용은 29쪽 참고). 이처럼 어떤 단어가 문장을 구성할 때 필수적으로 들어가야 할 문장 성분이 무엇인가에 대한 정보는 실제 의사소통에서 매우 유용하다. 이러한 정보를 알지 못하면 자칫 비문이나 어색한 문장을 만들기 쉽다.

🏛 한국어와 한국어 교육

국어 교육에서는 자국민에게 국어에 대한 지식을, 한국어 교육에서는 한국어가 유창하지 않은 사람에게 한국어로 소통하는 방법을 가르친다. 이처럼 국어 교육과 한국어 교육은 그 목표와 대상, 방법과 내용이 모두 차별화된다.

한국어 교육은 '국어'와 '한국어'의 개념을 구분하는 데에서 출발해야 한다. 또한 한국어 교사는 한국어 교육의 목표, 대상, 방법, 내용 등이 국어 교육과 어떻게 달라야 하는지 알고, 외국인 학습자가 한국어 소통 능력을 기르는 데에 중점을 두고 가르쳐야 한다.

국어와 한국어의 개념에 대해 더 상세히 알아보려면 다음의 논저를 참고할 수 있다.

박갑수(1997), 외국어로서의 한국어 교육-그 현황과 과제, 나랏말쌈 12, 242-257쪽.

서혁(2007), 한국어교육과 국어교육의 관계 설정-상호 발전과 세계화를 위한 과제-, 국어교육학연구 30, 51-86쪽.

유현경 외(2015), 우리말 연구의 첫걸음, 보고사.

조태린(2014), 한국어교육의 발전에 따른 국어관의 변화와 국어 연구의 변화 가능성, 우리말 글 60, 75-92쪽.

최용기(2009), 한국어 교육 정책의 현황과 과제, 인문과학연구 15, 41-63쪽.

이것만은 꼭

✔ '국어'와 '한국어'의 개념을 이해하라.

✔ 외국인에게 필요한 것은 한국어에 대한 지식보다 한국어를 구사하는 소통 능력이다.

✔ 한국어 교사는 외국어(제2언어)로서의 한국어를 가르칠 때 어떤 내용을, 어떤 순서로, 어떻게 가르쳐야 하는지를 알아야 한다.

생각해 보기 확인

다음 중 맞다고 생각하는 표현을 찾아보세요.

● 승호는 서울에 있는 중학교에 재학 중이다. 승호는 학교에서 배우는 여러 교과목 중에서 (국어 / 한국어)를 가장 좋아한다.

➡ 한국인인 승호가 한국어에 대한 지식을 습득하기 위해 학교에서 배우는 교과목은 '국어'입니다.

● 교포 3세인 미라 씨는 (국어 / 한국어)를 배우려고 여름 방학에 한국을 찾았다.

➡ 미라 씨는 교포 3세로, 현재 거주하고 있는 국가에서 사용하는 언어에 가장 익숙합니다. 반면 한국어는 미라 씨에게 상대적으로 익숙하지 않은 언어입니다. 미라 씨가 한국어를 단기 과정으로 배우고 싶

은 까닭은 한국어에 대한 지식을 얻고 싶어서가 아니라 한국어로 의
사소통을 하고 싶기 때문입니다.

● 요즘 해외의 한류 팬이 급증하면서 여러 언어로 된 (국어 /
한국어) 교재가 잇따라 출간되고 있다.

➡ 한류 팬은 자신이 좋아하는 스타의 노래를 따라 부르고 드라마를
보고 싶어 하는 경우가 많습니다. 실제 한국어에서 자주 쓰이는 표현
을 배우고자 하는 요구가 높기 때문에 이들에게 필요한 것은 국어 교
재가 아니라 바로 한국어 교재입니다.

참고

한국어교수학습샘터

국립국어원의 '한국어교수학습샘터'(kcenter.korean.go.kr)에서는 한국어
교원과 예비 교원, 한국어 학습자들이 편리하게 이용할 수 있도록 양질의
한국어 교육 관련 자료를 무료로 제공하고 있다.
한국어교수학습샘터는 △가르침터 △정보나눔터 △이야기터 △나의 샘
터 등의 4개 메뉴에서 그동안 국어원에서 개발·발간했던 한국어 교육 관
련 교재 등을 이용자의 접근 용이성을 고려하여 동영상, 문서, 음성, 전자
책 등으로 제공한다. 또한 '화제의 교육 자료'도 쉽게 찾을 수 있다.

서술어의 자릿수

'맑다', '전화하다', '받다' 등이 문장에서 서술어로 쓰일 때 꼭 있어야 하는 문장 성분이 서로 다르다. '~이/가 맑다', '~이/가 ~에게 전화하다', '~이/가 ~에게 ~을/를 받다'로 문장이 이루어진다. 이를 '서술어의 자릿수' 개념으로 설명할 수 있는데, 유현경 외(2015: 119)를 참고해 보면 다음과 같다.

> 서술어에 따라 필수적으로 요구하는 문장 성분의 수가 다른데 이를 '서술어의 자릿수'라 한다. 서술어가 주어 하나만을 요구하면 한 자리 서술어, 주어 이외에 목적어나 보어, 혹은 부사어 중 한 성분을 더 요구하면 두 자리 서술어, 주어, 목적어, 부사어를 모두 요구하면 세 자리 서술어다.

'맑다', '크다' 등은 한 자리 서술어, '전화하다', '먹다', '되다' 등은 두 자리 서술어, '받다', '주다' 등은 세 자리 서술어가 된다. 이처럼 서술어의 자릿수를 기준으로 한 서술어를 이해하는 것은 한국어 교육에 도움이 된다.

참고: 유현경 외(2015), 우리말 연구의 첫걸음, 보고사.

02 세계에서 가장 빨리 배우는 글자

제자 원리를 알면 더욱 쉬워지는 한글

● 독일인 A씨. 출장으로 한국에 급하게 오느라 한국어에 대해 아무 것도 모른 채 한글 책 한 권 달랑 들고 비행기에 올랐다. 그런데 10시간 비행 후 공항에 내린 순간, 한글 표지판을 읽고 있는 자신을 보고 놀랐다.

● 중국에서 온 B씨. 뜻글자인 한자에 비해서 소리글자인 한글은 배우기도 쉽고 쓰기도 쉽다면서 한글의 매력에 푹 빠졌다. 한글의 자모를 익히는 데 걸린 시간은 고작 사흘. 한자를 배우느라 보낸 시간을 생각하니 사흘 만에 글을 읽는다는 것이 믿기지 않는다.

생각해 보기
? 다음 중 맞다고 생각하는 것에 ✔ 표시를 해 보세요.

☐ 한국어는 세종대왕이 만들었다.

☐ 한글이 처음 만들어졌을 때의 이름은 훈민정음이다.

☐ 현대 한글의 기본 자음은 14개다.

☐ 훈민정음 창제 당시 한글의 기본 모음은 10개였다.

🏛 한글 = 한국어?

한국 사람들도 잘못 알고 있는 것 중의 하나가 '한국어'와 '한글'에 대한 개념이다. 주위에서 이런 말을 종종 듣는다.

 세종대왕은 왜 이렇게 한국어를 어렵게 만드셨나요?

 내가 아는 외국인은 혼자 배워 가지고도 한글을 잘 해.

한글에 대해서 사람들이 흔히 하는 오해는 '한글'을 '한국어'와 같은 개념으로 생각하는 것이다. 한글은 한국어 전체를 가리키는 것이 아니라 1443년에 세종대왕이 만들어서 지금도 사용하고 있는 글자를 일컫는 이름이고, 한국어는 고대부터 한반도에 살고 있는 사람들이 사용해 오고 있는 말을 가리킨다. 물론 현재 한국어라고 하면 한국의 말과 글(한글)을 모두 포함한다.

> 참고
>
> ### 한글어, 코리아어?
>
> '한국어'라는 이름 대신 '한글어'나 '코리아어'와 같은 표현을 쓰는 나라도 있다. 이것은 뿌리가 같은 언어를 두고 한국에서는 '한국어'라 하고 북한에서는 '조선어'라 하는 상황에서 어느 한쪽을 선택해서 사용하는 것이 해당 국가의 정치적인 입장을 미묘하게 드러낼 우려가 있기 때문이다. 그래서 우리말을 적는 문자의 이름인 '한글'에다 언어를 뜻하는 '-어'를

결합하거나, 'South'나 'North'의 구분 없이 'Korea'에 '-어'를 붙여 '코리아어'라고 말함으로써 중립적인 입장을 취하기도 한다. '한글어'나 '코리아어'는 편의에 의해서 생긴 표현이지 적절한 용어는 아니다. 따라서 외국인에게 한국어를 처음 가르칠 때는 '한글'이 언어가 아닌 문자의 이름임을 반드시 알려 주고, 한국인의 입장에서 '한글어'는 어색한 표현임을 설명할 필요가 있다.

세종대왕이 만든 것은 한국어(혹은 한국어 문법)가 아니라 우리의 말을 기록하는 문자인 '한글'이다. 그리고 우리가 가르치고 외국인들이 배우는 것은 우리의 말과 글을 포함한 '한국어'라는 사실을 기억하자.

참고

한글의 이름

한글은 1446년에 반포될 당시 '백성을 가르치는 바른 소리'라는 뜻의 '훈민정음(訓民正音)'으로 불렸다. 이후에 '언문(諺文)', '국문(國文)' 등의 다양한 이름으로 바뀌어 오다가 1910년대 초 주시경 선생이 '큰 글'이라는 뜻의 '한글'로 부르게 된 것이 현재까지 이어지고 있다.

한글을 쉽게 배우는 이유는?

 저는 한글을 배우는 데 삼 일쯤 걸린 것 같아요.

정확하게 기억은 안 나지만 배운 지 일주일 후부터 한글을 읽을 수 있었어요.

한글이 배우기 쉬운 이유는 소리를 나타내는 소리글자(표음문자, 表音文字)이기 때문이다. 중국어와 같은 뜻글자(표의문자, 表意文字)는 각각의 의미를 나타내는 글자를 따로 배워야 하기 때문에 글자를 익히는 데 상대적으로 시간이 많이 걸린다. '사랑'이라는 뜻을 표현하기 위해 '愛(애)'를 배워야 하고, '처음'이라는 뜻을 나타내려면 '始(시)'라는 글자를 따로 익혀야 한다. 한자가 모두 몇 개인지는 명확하게 알기 어렵지만 약 7만~8만 개 정도로 추정된다. 모든 한자를 다 익히지 않는다 하더라도 생활에 필요한 한자를 읽고 쓰는 데까지도 상당한 시간이 소요된다.

문자의 종류

표의문자(表意文字): 뜻을 나타내는 문자

　　예) 이집트 문자, 한자

표음문자(表音文字): 소리를 나타내는 문자

· 음절문자(音節文字): 음절을 한 단위로 하여 표기하는 문자

　　예) 일본의 가나문자

· 음소문자(音素文字): 자음과 모음 등 음소 단위의 음을 표기하는 문자

　　예) 한글, 로마자, 러시아 문자, 아랍 문자

　반면 한글은 자음 14개(ㄱ, ㄴ, ㄷ, ㄹ, ㅁ, ㅂ, ㅅ, ㅇ, ㅈ, ㅊ, ㅋ, ㅌ, ㅍ, ㅎ)와 모음 10개(ㅏ, ㅑ, ㅓ, ㅕ, ㅗ, ㅛ, ㅜ, ㅠ, ㅡ, ㅣ)만 알면 자모를 결합해서 많은 소리를 표현할 수 있기 때문에 글자를 익히는 데 걸리는 시간이 표의문자와는 비교가 되지 않을 정도로 짧다.

🏠 훈민정음을 만든 규칙은

　한글이 만들어진 과정과 규칙을 알면 글자를 익히기가 더욱 수월하다. 훈민정음의 제자(制字) 원리는 훈민정음에 대한 해설서인 '훈민정음 해례(解例)'에 잘 기록되어 있다.

　훈민정음 창제 당시에는 모음 11자(·, ㅣ, ㅡ, ㅏ, ㅑ, ㅓ, ㅕ, ㅗ, ㅛ, ㅜ, ㅠ)와 자음 17자(ㄱ, ㅋ, ㆁ / ㄴ, ㄷ, ㅌ / ㅁ, ㅂ, ㅍ / ㅅ, ㅈ, ㅊ / ㅇ, ㆆ, ㅎ / ㄹ, ㅿ), 총 28자로 만들어졌는데, ·, ㅿ, ㆆ, ㆁ은 사라지고 현재는 모음 10자와 자

음 14자만 사용되고 있다. 훈민정음 창제 당시의 자모를 표로 나타내면 다음과 같다.

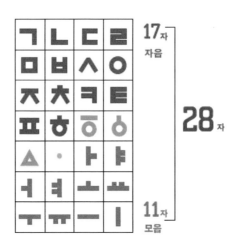

출처: 국립국어원(2014), 누구나 알아야 할 한글 이야기 3+5, 문화체육관광부, 5쪽.

모음은 천(天: ·), 지(地: ㅡ), 인(人: ㅣ)의 삼재(三才)를 기본으로 하여 초출자(初出字)인 'ㅗ, ㅏ, ㅜ, ㅓ'와 재출자(再出字)인 'ㅛ, ㅑ, ㅠ, ㅕ'를 만들었다.

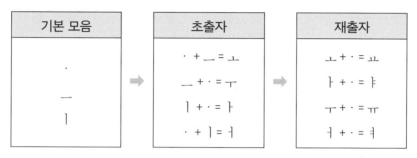

기본 모음		초출자		재출자
·		· + ㅡ = ㅗ		ㅗ + · = ㅛ
ㅡ		ㅡ + · = ㅜ		ㅏ + · = ㅑ
ㅣ		ㅣ + · = ㅏ		ㅜ + · = ㅠ
		· + ㅣ = ㅓ		ㅓ + · = ㅕ

〈훈민정음의 모음 형성 방법〉

자음은 입 모양을 본떠서 만들었는데 어금닛소리 ㄱ은 혀뿌리가 목구멍을 막는 모양을 본떠서 만들었고, 혀끝소리 ㄴ은 혀끝이 윗니에 붙는 모양을, 입술소리 ㅁ은 소리 낼 때 마주 붙는 두 입술의 모양, 잇소리 ㅅ은 이의 모양, 목구멍소리 ㅇ은 목구멍 모양을 본떠서 만들었다.

〈훈민정음의 자음 창제 원리〉

그리고 이 기본 자음에 소리가 거세짐을 표현하고자 획을 더해서(가획, 加劃) ㅋ, ㄷ, ㅌ, ㅂ, ㅍ, ㅈ, ㅊ, ㆆ, ㅎ을 만들고, 글자 모양을 조금 달리해서(이체, 異體) ㆁ, ㄹ, ㅿ을 만들었다.

기본자	가획자(加劃字)	이체자(異體字)
ㄱ	ㅋ	ㆁ
ㄴ	ㄷ, ㅌ	ㄹ
ㅁ	ㅂ, ㅍ	
ㅅ	ㅈ, ㅊ	△
ㅇ	ㆆ, ㅎ	

〈훈민정음의 자음 형성 방법〉

이와 같이 한글은 글자의 모양과 형성 과정이 과학적이고 조직적이어서 글자의 모양에 소리 나는 위치와 소리의 성질이 드러난다. 한국어를 배우는 학습자들이 이러한 원리를 알면 한글을 쉽게 배울 수 있을 뿐만 아니라, 규칙을 떠올리면서 글자를 잊어버리지 않고 잘 기억할 수 있다.

🏠 디지털 시대에 더욱 빛나는 한글

한글은 컴퓨터와 스마트폰 활용이 활발한 디지털 시대에 더욱 빛이 난다. 정보를 빠르게 전달하고 빠르게 처리해야 하는 현대 사회에서 속도는 가장 큰 무기다.

스마트폰으로 문자를 입력하는 방식을 보면 다른 문자에 비해 한글을 입력하는 속도가 월등히 빠르다. 자음은 기본자에 가획을 하여 새로운 글자를 만들 수 있고, 모음은 'ㆍ, ㅡ, ㅣ'의 결합을 통해 모든 모음을 입력할 수 있다. 버스에서 교복을 입은 학생들이 손가락이 보이지 않을 만큼 빠른 속도로 자판을 눌러 메시지를 보내는 모습은 신기로울 정도다.

스마트폰 중국어 키보드

스마트폰 일본어 키보드

스마트폰 영어 키보드

스마트폰 한국어 키보드

이렇게 과학적이고 편리한 한글을 가르쳐서 외국인 학습자에게서 문자메시지를 받거나 SNS를 통해 살아가는 이야기를 서로 주고받다 보면 한글을 가르치는 것이 정말 보람 있는 일이라는 생각이 든다.

원리만 알면 세계에서 가장 빨리 배울 수 있는 글자. 한글을 바르게 알고 외국인들에게도 제대로 가르친다면 그들도 한글의 매력에 빠지게 될 것이다.

훈민정음의 제자 원리나 한글의 우수성에 대해서 더 알아보고 싶다면 다음을
참고할 수 있다.

국립국어원(2014), 누구나 알아야 할 한글 이야기 3+5, 문화체육관광부.

국립한글박물관 홈페이지(http://www.hangeul.go.kr)

김슬옹(2013), 한글 우수성과 한글 세계화, 한글파크.

디지털한글박물관 홈페이지(http://www.hangeulmuseum.org)

안병희(2013), 훈민정음연구, 서울대학교 출판부.

이미향(2007), 효율적인 교수 모형 계발을 위한 한국어교재의 한글 교수 단원 연구,
    언어과학연구 42권, 언어과학회, 81-105쪽.

임용기(1992), 《훈민정음》에 나타난 삼분법의 형성 과정에 대하여, 세종학연구 7,
    73-97쪽.

✓ '한글'은 한국말을 글로 적을 때 사용하는 '문자'의 이름이다.

✓ 한글 자음의 모양은 입 안에서 소리가 나는 위치의 모양을 본 떠서 만들었다.

✓ 한글의 모음은 '•(천: 天), ―(지: 地), │(인: 人)'을 기본 모음 으로 하여 만들었다.

✓ 한글은 과학성과 조직성이 탁월하여 디지털 시대에 더욱 각광받는 문자다.

 생각해 보기 확인

다음 중 맞다고 생각하는 것에 ✔ 표시를 해 보세요.

☐ 한국어는 세종대왕이 만들었다.

➡ 틀려요. 세종대왕이 만든 것은 훈민정음(글자)입니다. 한국어는 한 반도에서 예로부터 써 오던 말을 가리키는 것입니다.

☑ 한글이 처음 만들어졌을 때의 이름은 훈민정음이다.

➡ 맞아요. 한글의 첫 이름은 '백성을 가르치는 바른 소리'라는 뜻의 '훈민정음'입니다.

☑ 현대 한글의 기본 자음은 14개다.

➡ 맞아요. ㄱ, ㄴ, ㄷ, ㄹ, ㅁ, ㅂ, ㅅ, ㅇ, ㅈ, ㅊ, ㅋ, ㅌ, ㅍ, ㅎ의 14개 입니다.

☐ 훈민정음 창제 당시 한글의 기본 모음은 10개였다.

➡ 틀려요. ·, ㅡ, ㅣ, ㅗ, ㅏ, ㅜ, ㅓ, ㅛ, ㅑ, ㅠ, ㅕ의 11개입니다.

한글 자음의 이름은 왜 '기역', '니은', '디귿'일까

한글 자음은 '기역, 니은, 디귿, 리을, 미음, 비읍, 시옷, 이응, 지읒, 치읓, 티읕, 피읖, 히읗'이라고 부른다. 그런데 이 이름은 언제부터 만들어진 것일까? 그리고 왜 '기역, 디귿, 시옷'은 '기윽, 디음, 시읏'으로 쓰지 않을까?

한글 자음의 이름은 훈민정음을 만들 때부터 정해진 것이 아니라 1527년 최세진(崔世珍)의 『훈몽자회(訓蒙字會)』에서 쓰인 표현을 사용하고 있는 것이다. 이 책은 한자 학습서로서 내용 중에 국어의 자음과 모음의 발음을 한자어로 표현한 부분이 나온다. 여기에서 자음은 첫소리(초성)와 끝소리(종성)에 모두 사용될 수 있다는 것을 보여 주기 위해서 '니은(尼隱), 리을(梨乙), 미음(眉音), 비읍(非邑), 이응(異凝)'과 같이 앞 음절의 초성과 뒤 음절의 종성에 같은 자음이 들어가는 한자어를 제시하였다. 그런데 '윽, 은, 읏'으로 소리 나는 한자는 찾을 수 없었기에 '윽'과 가장 비슷한 한자인 '역(役)'으로 'ㄱ'이 종성에 나타나는 예를 보여 주었고, '은, 읏'은 한자의 소리가 아닌 뜻을 빌려 와서 '귿(末), 옷(衣)'으로 나타냈다. 이런 이유로 '기역(基役), 디귿(池末), 시옷(時衣)'이라는 이름이 탄생하게 된 것이다.

사진 출처: 최세진(1527), 訓蒙字會, 1948, 東國書林.

03 잘 못하는 것과 잘못 하는 것

명확한 의미 전달을 위해 중요한 띄어쓰기

이주여성에게 한국어를 가르치는 선생님이 되려고 한국어교육능력검정시험에 응시한 O씨. 이번이 두 번째 도전이다. 면접 시험의 가장 마지막 질문은 '띄어쓰기'에 대한 것이었다.

"한국어에서 띄어쓰기가 왜 중요하다고 생각합니까? 구체적인 예를 들어 설명해 보세요."

 다음 중 맞다고 생각하는 표현을 찾아보세요.

● 저는 요리를 (잘 못해요 / 잘못 해요).

● 나는 (김밥 / 김 밥)을 좋아한다.

● 언니는 (나 보다 / 나보다) 두 살이 많다.

🏠 명확한 의미 전달을 위해 중요한 띄어쓰기

대화를 할 때 중간에 '쉼'을 두지 않고 모든 단어를 붙여서 말한다면 듣는 사람에게 메시지를 제대로 전달할 수 있을까? 물론 어떤 말을 할지 예측이 가능한 상황이라면 어느 정도 뜻은 통한다. '목이 마르다'는 표정을 지으며 상대에게 "나목말라물줘."라고 쉼 없이 말해도 의미 전달은 가능할 것이다.

반면 '나목∨말∨라물줘'와 같이 전혀 엉뚱한 곳에서 내용을 끊어 말하면 본래 메시지의 전달은 어려워진다. 메시지를 성공적으로 전하려면 다음과 같이 의미 단위로 바르게 띄어서 말을 해야 한다.

나목말라물줘 (×)	
나목∨말∨라물줘 (×)	나∨목∨말라∨물∨줘 (O)

소리(음성)가 아닌 글자(문자)를 통한 소통에서도 마찬가지다. 문자 언어를 통한 의사소통에서는 소리, 몸짓, 주변 상황 등의 배경정보 없이 온전히 문자로만 내용을 전달해야 한다. 그러므로 '바르게 끊기'는 음성 언어보다 문자 언어에서 특히 중요하다. 이것이 바로 우리가 '띄어쓰기'를 소홀히 할 수 없는 이유다.

다음의 예를 어디에서 띄어 쓰면 좋을지 생각해 보자.

수미가방에없다

의미에 따라서 다음의 두 가지 띄어쓰기가 가능할 것이다.

수미가 방에 없다.

수미 가방에 없다.

수미

띄어쓰기를 어디에서 하는가에 따라 '수미가 방에 없다.'와 '수미(의) 가방에 없다.'는 완전히 다른 의미가 된다. 띄어쓰기는 기계적으로, 자의적으로 하는 것이 아니라 본래 메시지가 명확하게 전달되도록 정해진 규범에 맞게 해야 한다. 그래야 글을 읽는 사람이 그 뜻을 제대로 이해할 수 있다.

🏛 외국인을 위한 띄어쓰기, 가장 기본적인 것부터

띄어쓰기는 우선 다음의 한글 맞춤법 제1장 제2항의 대원칙을 기억하고 따르면 된다.

한국어의 모든 단어는 띄어서 쓴다. 단, 조사의 경우는 그 앞의 체언(명사, 대명사, 수사)에 붙여 쓴다.

한글 맞춤법 규정의 대원칙은 한국인의 입장에서 보면 그리 복잡하지 않다. 다만 한국어의 '단어'와 '조사'의 개념에 익숙하지 않은 외국인의 입장에서는 띄어쓰기가 혼동될 수 있다.

외국인에게 헷갈릴 수 있는 띄어쓰기를 살펴보자. 다음 예문은 실제 외국인 학생의 한국어 작문 중 일부다.

> 내 친구 는 아프리카 에서 왔어요.
> ➜ 내 친구는 아프리카에서 왔어요.

> 나 는 한국어 를 공부 합니다.
> ➜ 나는 한국어를 공부합니다.

> 친구 가 나 에게 선물을 주 었어 요.
> ➜ 친구가 나에게 선물을 주었어요.

이 예문에서 외국인 학생은 '한국어의 모든 단어를 띄어 쓴다.'는 대원칙을 이해하고 있다. 하지만 예외적으로 조사는 그 앞의 체언(명사, 대명사, 수사)에 붙여 써야 한다는 규칙에는 익숙하지 않은 것으로 보인다. 또한 명사에 '-하다'가 붙어 한 단어가 된 것에 대한 인식이 불충분하다. 만약 영어권 학생이라면 영어에서 모든 단어를 띄어 쓰기 때문에 영어의 규칙을 그대로 적용했을 수도 있다.

외국인 학습자가 헷갈려 하는 띄어쓰기 중 다른 하나는, 한국어의 용언(동사, 형용사)의 활용이 복잡해도 용언과 어미를 붙여 써야 한다는 점이다.

영화가 재미 있 었 겠 다.

➡ 영화가 재미있었겠다.

'재미있었겠다'를 형태소(의미와 형태를 가진 가장 작은 단위)로 쪼개면 '재미∨있∨었∨겠∨다'로 5개의 단위가 된다. '-었-'은 과거를, '-겠-'은 추측의 의미를 갖는 선어말 어미, '-다'는 평서형으로 문장을 끝맺는 종결어미다. 즉, '재미있었겠다'는 '재미있다'의 어간 '재미있-'에 문법적 기능을 하는 어미(-었-, -겠-, -다)가 붙은 표현이다. 하지만 용언의 활용이 아무리 복잡해도 용언은 한 단어이므로 띄어 쓰지 않는다는 점에 유의해야 한다.

🏠 원래 한 단어인 것, 한 단어가 된 것

- '공부하다'는 한 단어일까, 두 단어일까?
- '책가방'은 한 단어일까, 두 단어일까?

"문장의 각 단어는 띄어 씀을 원칙으로 한다."(한글 맞춤법 제1장 제2항)라는 문구가 간단해 보이기는 하지만, 모든 사람이 인식하는 '한 단어'의 기준이 늘 일치하는 것은 아니다. 이 때문에 한국인이라도 한 단어에 대한 직관이 서로 다르고 혼동을 느끼기도 한다. 한 단어 여부에 대한 기준과 판단은 띄어쓰기와 직결된다. 이것이 외국인에게 한국어 띄어쓰기가 더 어렵게 느껴지는 이유이기도 하다.

외국인들은 '○○하다'의 띄어쓰기에 대해 자주 질문하곤 한다. '공부하다'와 '공부 하다' 중에 어느 표현이 맞느냐는 것이다. 이와 관련한 다른 예들을 함께 살펴보면서 띄어쓰기 문제를 생각해 보자.

김 밥 속에 계란이 들어 있다.
➜ 김밥 속에 계란이 들어 있다.

책 상에서 숙제 한다.
➜ 책상에서 숙제한다.

우리 큰 오빠가 군대에서 돌아 왔다.
➜ 우리 큰오빠가 군대에서 돌아왔다.

　김 위에 밥을 펴서 그 위에 여러 가지 재료를 넣어 둘둘 말아 만든 음식을 일컬어 '김밥'이라 한다. 우리는 김밥이라는 단어를 들었을 때 '김'과 '밥'을 별개로 떠올리는가, 하나의 구체물을 연상하는가? 또 '책상'이라 들었을 때 '책'과 '상'을 따로 연상하는가, '책상'이라 이름 붙은 가구의 일종을 떠올리는가? '김밥'과 '책상'은 두 단어가 결합하여 이미 하나로 굳어진 사례로, 일상생활에서 자주 쓰이며 특정한 구체물로 인식되는 단어다. 따라서 붙여 쓰는 것이 맞다.
　다음으로, '큰 오빠'로 써야 할지 '큰오빠'로 써야 할지는 반드시 문장 속에서의 쓰임을 살핀 후 판단해야 한다. 만약 '키가 큰 오빠'라는 뜻이라면 '(키가) 큰 오빠'로 띄어 쓰는 것이 맞다. 반면 형제간의 서열에서 첫 번째 오빠를 의미하는 것이라면 '큰오빠'로 써야 한다. 이 외에 '작은오빠', '큰엄마', '작은집', '큰아버지' 등도 사전을 찾으면, 가족 및 친족 간의 호칭으로서 모두 하나의 단어로 등재되어 있음을 알 수 있다.

한편 명사에 '하다'가 붙어 하나의 단어가 된 '숙제하다'의 경우 띄어 쓰지 않는다. '공부하다', '청소하다', '운동하다' 등도 모두 마찬가지다. 하지만 우리가 말을 할 때 이것을 본래의 두 단어로 각각 인식하여 '공부를 하다'로 표현하면서 조사 '을/를'을 생략하여 '공부 하다'라고 한다면 이 역시 틀렸다고 볼 수는 없겠다.

'–하다'가 붙는 말이 반드시 동사인 것은 아니다. '–하다'가 붙는 형용사도 그 수가 매우 많다. 단, 형용사는 선행하는 어근(예: 깨끗, 친절, 행복, 조용, 건강)과 '–하다'를 반드시 붙여 쓴다.

'–하다'로 끝나는 형용사의 예

깨끗하다, 친절하다, 행복하다, 조용하다, 건강하다, 똑똑하다, 청결하다, 유쾌하다, 우울하다, 화려하다 등

Tip '–하다'가 붙는 단어가 동사인지 형용사인지를 구분하려면 '–ㄴ다'나 '–는다'로 활용되는지를 알아보면 된다. 가령 '깨끗한다, 친절한다, 행복한다'는 성립되지 않으므로 형용사이고, '공부한다, 청소한다, 생각한다'는 성립되므로 동사다.

🏛 띄어쓰기로 의미가 달라지는 사례

띄어쓰기는 규칙을 위한 규칙이 아니라 명확한 의미 전달을 위해 중요하다. 다음은 띄어쓰기에 따라 그 의미가 달라지는 대표적인 예다. 다음 표현 중에서 어떤 것이 맞는지 선택해 보자.

- 저는 요리를 (잘 못해요 / 잘못 해요).
- 지하철을 (잘 못 탔어요 / 잘못 탔어요).
- 약속 시간을 (잘 못 들어서 / 잘못 들어서) 1시간이나 일찍 도착했어요.
- 내가 '선생님'을 '성샌님'이라고 (잘 못 발음해서 / 잘못 발음해서)
  친구들이 모두 웃었다.

'잘 못하는' 것과 '잘못 하는' 것에는 큰 차이가 있다. 하기는 하는데 잘 하지 않는 것은 '잘 못하는' 것이다. 하기는 하는데 틀리게 하는 것은 '잘못 하는' 것이다. 따라서 2호선을 타야 하는데 3호선을 탔다면 '지하철을 잘못 탄 것'이 된다. 요리를 하기는 하지만 솜씨가 좋지 않다면 '요리를 잘 못한다'고 하는 것이 맞다.

또 다른 재미있는 예를 들어 보자. 다음의 내용에서 '밖에'는 맞춤법(형태)이 같지만 뜻이 전혀 다른 것이다. 나에게는 '오로지 친구뿐'이라는 의미라면 '밖에'가 조사로 쓰인 것이므로 붙여 쓴다. 반면 '친구'와 '밖에'를 띄어 쓴다면 여기에서의 '밖'은 '바깥'을 의미한다.

친구밖에 없다.   =   친구뿐이다.

친구 밖에 없다.   =   친구가 밖에 없다.

앞의 예에서 볼 수 있듯이 띄어쓰기는 형식적으로 지켜야 할 규범이 아니라 한국어의 명확한 의미 전달과 소통을 위해 중요한 것이다. 특히 띄어쓰기로 인해 의미가 확연히 달라지는 경우가 있다면 각별히 유의해야 한다.

다음은 외국인 학생이 한국어 띄어쓰기에 대한 자신의 생각을 쓴 것이다.

> 한국어를 배울 때 나를 혼란 만든 것은(→ 혼란스럽게 만드는 것이) 하나 있다. 띄어쓰기는 한국 사람에게도 어려운 것을 아는데(→ 알지만) 어느 선생님께 배운 것과 다른 선생님께서 가르치신 띄어쓰기는 좀 다르다. 그래서 나는 가끔씩은 처음 선생님이 가르치신 대로 쓰고 다를 때는 둘째 선생님이 가르치신 대로 쓴다.

이 글은 한국인이라도 띄어쓰기에 대한 직관이 다를 수 있음을 시사한다. 그 첫 번째 이유는 혼동되는 띄어쓰기의 원칙을 제대로 몰라서일 수도 있고, 두 번째는 경우에 따라 띄어 쓰는 것과 띄어 쓰지 않는 것을 모두 허용하는 사례도 있기 때문이다.

가령, 한글 맞춤법 제5장 '띄어쓰기'에서 제3절 '보조 용언'에 대한 설명을 보면 "보조 용언은 띄어 씀을 원칙으로 하되, 경우에 따라 붙여 씀도 허용한다."라고 되어 있다. 따라서 '도와 드린다'와 '도와드린다'를 모두 쓸 수 있다.

제47항

보조 용언은 띄어 씀을 원칙으로 하되, 경우에 따라 붙여 씀도 허용한다(ㄱ을
원칙으로 하고, ㄴ을 허용함).

ㄱ	ㄴ
불이 꺼져 간다.	불이 꺼져간다.
내 힘으로 막아 낸다.	내 힘으로 막아낸다.
어머니를 도와 드린다.	어머니를 도와드린다.
그릇을 깨뜨려 버렸다.	그릇을 깨뜨려버렸다.
비가 올 듯하다.	비가 올듯하다.
그 일은 할 만하다.	그 일은 할만하다.
일이 될 법하다.	일이 될법하다.
비가 올 성싶다.	비가 올성싶다.
잘 아는 척한다.	잘 아는척한다.

출처: 국립국어원 사전 · 국어지식 게시판
(http://www.korean.go.kr/front/page/pageView.do?page_id=P000075&mn_id=30).

한국어 교사는 띄어쓰기 원칙에 대한 전반적인 내용을 파악하고 있어야
하고, 혼동이 될 때는 사진이나 관련 자료를 찾아 정확한 원칙을 학생들에
게 전달해야 한다.

다만 외국인에게 한국어를 가르칠 때에는 한국인에게도 헷갈리는 어려
운 띄어쓰기를 중심으로 접근하기보다는 일상생활에서 자주 쓰이는 사례
중에서 띄어쓰기에 따른 의미 변별이 필요한 사례를 중심으로 지도하는 것
이 바람직하다.

띄어쓰기 이외에 우리말의 바른 사용에 대해 더 깊이 알아보려면 다음의 논저를
참고할 수 있다.

국립국어원(2013), 바른 국어 생활 -특별과정교재-, 국립국어원.

정효민(2012), 한국어 교육에서 띄어쓰기의 오류 원인과 오류 분석 -중국인 학습자
　　를 대상으로-, 새국어교육 90, 389-407쪽.

황두연 · 정창엽 편저(2013), 바른 국어 생활 -국어전문교육과정 교재-, 국립국어원.
　　http://www.korean.go.kr/09_new/data/report_view.jsp

✔ 띄어쓰기는 의미의 명확한 전달을 위해 중요하다.

✔ 두 개 이상의 단어가 이미 한 단어로 굳어진 말은 띄어 쓰지 않는다.

✔ 한국어의 모든 단어는 띄어 쓰되, '조사'는 앞말(체언) 에 붙여서 쓴다.

 다음 중 맞다고 생각하는 표현을 찾아보세요.

● 저는 요리를 (잘 못해요 / 잘못 해요).

➜ 요리를 하기는 하지만 잘하지 못한다는 의미입니다.

● 나는 (김밥 / 김 밥)을 좋아한다.

➜ '김밥'은 '김'과 '밥'이 한 단어로 굳어진 단어이므로 띄어쓰기하지 않습니다.

● 언니는 (나 보다 / 나보다) 두 살이 많다.

➜ 모든 조사는 앞말에 붙여 써야 하므로 '나보다'가 맞습니다. 단, '보다 높이', '보다 멀리'에서와 같이 '보다'가 '더욱'이라는 부사로 쓰일 때는 띄어 씁니다.

자주 헷갈리는 띄어쓰기 사례

1. 휴일인데 (갈데가 / 갈 데가) 없다.

2. 이번 주말에 산에 (갈거예요 / 갈 거예요).

3. 이번 회의에는 전 세계에서 (몇백 명이 / 몇백명이) 참석했다.

4. (산 만큼 / 산만큼) 큰 불길이 우리 마을을 덮쳤어요.

5. 저도 백두산에 (한 번 / 한번) 가 보고 싶어요.

6. 영수가 학교를 (출발한 지 / 출발한지) 얼마나 되었니?

7. 이 근처에 가 (볼만한 / 볼 만한) 곳이 어디예요?

8. 그 영화는 눈물이 (날정도로 / 날 정도로) 슬펐다.

9. (커피는커녕 / 커피는 커녕) 아직 밥도 못 먹었다.

10. 계단에서 (넘어질 뻔했다 / 넘어질뻔했다).

11. 나한테는 (너뿐이야 / 너 뿐이야).

12. 나는 (너 보다 / 너보다) 키가 크다.

04 '신촌'에 가려고 했는데 '시청'으로 가 버렸어요

무조건 따라 하기보다는 소리 내는 방법을 가르쳐야

● 일본에서 온 A씨. 시청에 가려고 택시를 타면 늘 발음이 문제다. 기사는 '**신촌**'인지 '**신천**'인지 '**시청**'인지를 몇 번이나 물어본다. 그때마다 행선지를 종이에 쓰거나 사진을 보여 주며 전달해야 한다. A씨는 '언제쯤 한국 사람들이 내 말을 듣고 한 번에 이해할 수 있을까?' 하고 생각한다.

● 중국에서 온 B씨. 지난 주말에 '**명동**'에 가서 '**냉면**'을 먹고 왔다. 그 이야기를 한국 친구들에게 하고 싶은데 몇 번을 말해도 못 알아듣는다. 한국어를 배운 지 1년이 되었는데도 왜 발음이 안 고쳐지는지 모르겠다.

다음 중 맞다고 생각하는 것에 ✔ 표시를 해 보세요.

□ 한국어를 배울 때 학습자의 모국어에 없는 소리는 발음하기가 더 어렵다.

□ 학습자의 모국어에 따라 한국어를 배울 때 잘하는 발음과 못하는 발음이 있다.

□ 학습자의 모국어 발음과 비교하면서 한국어 발음을 가르치면 도움이 된다.

□ 처음에 어려운 발음을 가르치고 나중에 쉬운 발음을 가르치는 것이 효과적이다.

🏛 태어나서 처음 내 보는 소리

영어를 처음 배울 때 /f/ 소리를 내기 위해서 윗니로 아랫입술을 깨물고 /프/ 비스름한 소리를 수없이 냈던 기억이 있다. 또 /th/ 발음을 위해 혀를 이 사이에 넣고 /쓰/도 아니고 /뜨/도 아닌 소리를 무수히 반복했다. 그런데 아무리 연습을 해도 영어 선생님은 그 소리가 아니라고 하고, 나중에는 혀가 뻣뻣해지는 느낌까지 들었다.

모국어에 없는 외국어 발음을 처음 배운다는 것은 태어나서 한 번도 입 밖으로 낸 경험이 없는 소리를 새롭게 만들어서 내는 것이다. 휘파람을 불어 본 적이 없는 사람이 휘파람을 불기가 어렵듯, 단소를 불 때 정확한 입 모양으로 정확한 위치를 잡지 못하면 소리가 나지 않듯, 모국어에 없는 외국어 발음을 한다는 건 정말 어렵고 힘든 일이다. 하지만 소리 내는 방법을 정확하게 배우고, 그 방법을 잊어버리지 않으려고 끊임없이 연습하다 보면 어느새 힘을 들이지 않고도 자연스럽게 소리를 낼 수 있는 경지에 도달하게 된다.

한국어 교사는 이 과정을 도와주는 레슨 선생님이다. 악기를 연주하는 방법을 가르치고 훈련시키는 선생님처럼, 한국어 교사는 외국인들에게 발음하는 방법을 정확하게 가르쳐 주어야 한다. 그리고 잘못된 발음은 바르게 고쳐 주고 체계적으로 연습시켜 학습자들이 한국어 발음을 정확하고 자연스럽게 할 수 있도록 도와주어야 한다.

🏠 한국어 발음, 무엇이 다를까

한국어 발음은 다른 언어와 비교할 때 무엇이 다를까? 우선 한국어에는 된소리(ㄲ, ㄸ, ㅃ, ㅆ, ㅉ)와 거센소리(ㅋ, ㅌ, ㅍ, ㅊ)가 많다. 그래서 힘을 주어서 내야 하는 소리가 많다. 또 한국인은 'ㄹ'과 'ㅅ'의 발음을 각각 하나로 인식하는 반면, 언어권에 따라 'ㄹ'은 /r/, /l/로 구분되고 'ㅅ'은 /s/, /sh/ 등의 소리로 인식된다. 이런 차이 때문에 한국어 학습자들은 한국어의 발음을 배울 때 어려움을 호소한다.

한국어의 모음은 다른 언어에 비해서 개수가 많은 편이다. 일본어의 모음은 'あ(ㅏ), い(ㅣ), う(ㅜ), え(ㅔ), お(ㅗ)'의 다섯 개이고, 영어의 단모음도 'a, e, i, o, u'의 다섯 글자로 표현되지만, 한국어의 단모음은 'ㅏ, ㅓ, ㅗ, ㅜ, ㅡ, ㅣ, ㅐ, ㅔ, ㅚ, ㅟ'의 10개다.

모음의 개수가 많을 뿐만 아니라 비슷한 위치에서 나는 소리도 많다. 중국어의 모음은 다음 그림과 같이 혀의 앞과 뒤에서 나는 소리가 많은 반면, 한국어의 모음은 혀의 가운데에서 나는 소리가 많다.

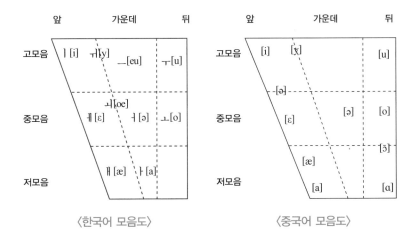

〈한국어 모음도〉　　　〈중국어 모음도〉

따라서 외국인들이 한국어 발음을 들을 때 비슷하게 들리는 소리가 많고, /ㅐ-ㅔ/, /ㅚ-ㅙ/와 같이 한국 사람들도 그 차이를 명확히 구분하지 못하는 발음도 있다.

🏠 같은 말을 쓰는 사람들은 같은 발음을 어려워해

 성생님(선생님), 안녕하시므니까(안녕하십니까)?

저는 싱촌(신촌)에 가고 싶어요.

 어제 친구하고 밍동(명동)에 가서 닝멘(냉면)을 먹고 왔어요.

 기건(그건) 우리집 긴처(근처)에 가면 살 수 있어요.

외국인들의 한국어 발음을 들어 보면 그 나라(혹은 언어) 특유의 억양이나 발음의 특징이 나타난다. 우리가 흔히 일본 사람들의 말투를 흉내 낼 때 '안녕하시므니까'와 같은 표현을 자주 사용하는데 그 이유는 일본어에서 받침 발음이 발달되어 있지 않기 때문이다. 일본어에서는 받침 소리를 표시할 때 'ん'만을 사용하는데 이 소리는 뒷소리에 따라 /n/, /m/, /ŋ/으로 바뀐다. 따라서 일본어권 초급 학습자들은 음절의 끝에 오는 /ㄴ, ㅁ, ㅇ/을 구별해서 발음하지 못한다. 또 일본어에는 /ㅓ/, /ㅡ/ 소리가 없기 때문에 이 소리를 /ㅗ/나 /ㅜ/로 인식하고 발음하는 경향이 있다.

중국 사람들은 /ㄱ, ㄷ, ㅂ, ㅅ, ㅈ/와 /ㄲ, ㄸ, ㅃ, ㅆ, ㅉ/ 발음을 잘 구분하지 못한다. 어떤 방송에서 한 중국 사람이 '이까짓'을 [이깍찌], [이갓짓]으로 발음해서 시청자들에게 웃음을 준 적이 있다. 또 중국 사람들은 'ㅐ, ㅕ' 아래에 'ㄴ, ㅁ, ㅇ'을 연결해서 발음하는 것을 어려워한다. 쇼핑의 명소인 '명동'과 한국인의 별미 '냉면'을 [밍동], [닝멘]으로 발음하여 의사전달에 어려움을 겪기도 한다.

몽골어에는 /ㅡ/ 발음이 없어서 한국어의 /ㅡ/를 [ㅣ]로 발음하는 경향이 있다. 대부분의 몽골 학생들은 '그래서'를 [기래서]로, '그거'를 [기거]로 발음한다. 또 /ㅅ/ 발음을 [shi, tshi]로 발음하는 것을 자주 볼 수 있다.

그렇다면 한국어에 익숙하지 않은 외국인들에게 한국어 발음을 어떻게 가르쳐야 할까?

🏛 쉬운 것에서 어려운 것 순서로

아이들이 소리를 배우는 과정을 살펴보면 가장 먼저 /ㅁ/ 발음을 하고, 그것이 익숙해지면 /ㅂ/ 발음을 발음한다. 처음부터 /ㅅ/, /ㄹ/을 말할 수 있는 아이는 없다. 거의 모든 언어에서 '엄마'라는 단어에는 /m/ 소리가 들어가고 '아빠'라는 단어에는 /b/, /p/ 등의 소리가 들어가는 것도 이런 이유에서다.

한국어를 가르칠 때도 같은 원리가 적용된다. 쉬운 것을 먼저 가르쳐서 자신감을 가지게 한 후에 그것과 비슷하지만 좀 더 어려운 발음을 연습하게 한다. 예를 들면 거의 모든 언어에서 공통적으로 쓰이는 /ㅏ/, /ㅣ/, /ㅜ/ 발음을 가르친 후에 /ㅡ/나 /ㅚ/ 등 우리말에만 있는 소리를 가르친다. 입 모양이 바뀌지 않는 /ㅏ/, /ㅓ/, /ㅗ/, /ㅜ/ 등을 가르친 후에 이중모음 /ㅑ/, /ㅕ/, /ㅛ/, /ㅠ/를 가르쳐야 한다. /ㄱ/, /ㄷ/, /ㅂ/ 등의 예사소리를 가르친 후에 /ㅋ/, /ㅌ/, /ㅍ/ 등의 거센소리나 /ㄲ/, /ㄸ/, /ㅃ/ 등의 된소리를 가르치는 것이 좋다. 이렇게 단계적으로 가르치면 학습자들은 한국어 발음에 자연스럽게 적응하게 된다.

🏠 발음을 설명하는 다양한 방법 개발하기

소리는 이미지와 함께 전달될 때 더 잘 기억된다. 발음을 알려 줄 때도 시각 자료를 사용하면 학습자들은 더 오래, 더 정확하게 기억하는 효과가 있다.

■ 입 모양 사진 활용하기
/ㅏ, ㅓ/, /ㅡ, ㅗ/ 등 두 발음의 구분이 어려운 모음을 가르칠 때는 입술 모양 사진을 보여 주거나 교사가 직접 입 모양을 강조해서 보여 주면서 소리의 차이를 이해시킨다.

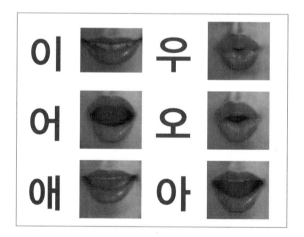

〈한국어 모음 입 모양 사진 자료〉

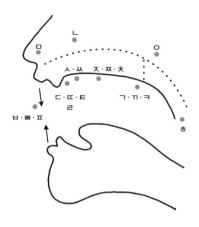

〈한국어 자음의 발음 위치〉

■ **구강 구조 그림 활용하기**

음절의 끝에 오는 /ㄴ, ㅁ, ㅇ/ 소리의 차이를 알려 주거나 '라', '물'과 같이 초성과 종성에 오는 'ㄹ'의 소리를 구별해서 알려 줄 때는 다음과 같이 구강 구조와 혀의 위치를 보여 주면서 발음하는 방법을 가르쳐 줄 수 있다. 두 입술 사이에서는 /ㅁ, ㅂ, ㅃ, ㅍ/ 소리가 나고 혀끝이 윗잇몸에 부딪히면 /ㄴ, ㄷ, ㄸ, ㅌ, ㄹ/ 소리가 난다는 것, 그리고 /ㅇ/과 /ㄱ, ㄲ, ㅋ/는 여린입천장에서 난다는 것을 눈으로 확인한 후에 연습하면 더욱 효과적이다.

■ **직접 시범 보여 주기**

/ㄱ/-/ㅋ/, /ㄷ/-/ㅌ/, /ㅂ/-/ㅍ/ 등과 같이 발음하는 방법이 다를 때는 교사가 그 차이를 직접 보여 준다. 휴지를 입 앞에 살짝 대고 /ㅂ/을 발음하면 휴지가 움직이지 않지만, /ㅍ/를 발음할 때는 공기가 입 밖으로 많이 나와서 휴지가 펄럭이는 모습을 눈으로 확인시킨다. 학습자들도 같은 방법으로 발음하면서 차이를 눈으로 확인하게 하면 교육적 효과가 훨씬 높다.

이 밖에도 시청각 자료나 사물을 이용해서 한국어 발음을 쉽게 가르칠 수 있는 방법이 또 없을까 생각해 보자.

 발음 연습에 도움이 되는 프로그램

국립국어원 홈페이지(http://www.korean.go.kr)에 접속을 하면 '바른소리'라는 표준 발음 연습 프로그램(http://www.korean.go.kr/hangeul/cpron/main.htm)을 볼 수 있다.

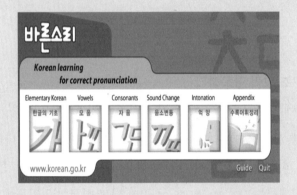

이 프로그램은 모음과 자음, 단어의 표준 발음을 직접 들을 수 있도록 되어 있어서 외국인들이 집에서 한국어 발음을 연습할 때 도움이 된다.

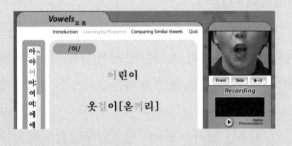

특히 듣고 싶은 단어를 선택하면 그 소리와 함께 앞과 옆에서 본 입 모양까지 볼 수 있어서 한국어 발음을 학습자 스스로 교정할 때 효과적이다.

🏠 의미의 차이가 나타나는 것을 집중적으로

 저는 어제 <u>부르고기</u>를 먹었는데 정말 맛있었어요.

 아, <u>불고기</u>를 드셨군요.

외국인들이 한국어 발음을 조금씩 틀리게 해도 실제로는 말하는 상황과  맥락을 통해 대부분 무슨 말인지 유추할 수 있다. 그런데 발음 실수 때문에 상대방이 오해를 하거나 모르는 곳에 내려서 힘들게 길을 찾아 헤매는 불편을 겪지 않으려면 발음을 분명하게 해야 한다.

다음 문장에서 외국인은 무슨 말을 하고 싶었을까? 한번 추측해 보자.

 미선 씨 아이는 정말 <u>딱딱하네요.</u>

 한국에는 <u>체벌</u>이 참 많아요.

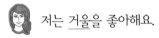 저는 <u>거울</u>을 좋아해요.

이 말이 사용된 맥락은 다음과 같다.

 미선 씨 아이는 정말 딱딱하네요(→ 똑똑하네요). 어린데도 영어
를 참 잘해요.

- -

 한국에는 체벌(→ 재벌)이 참 많아요. 삼성도 있고 현대도 있고요.

- -

 저는 <u>거울</u>(→ 겨울)을 좋아해요. 눈이 와서 예뻐요.

맥락을 보면 '딱딱하네요'는 똑똑하네요', '체벌'은 '재벌', '거울'은 '겨
울'을 말하려고 했다는 것을 알 수 있다. 그런데 눈앞에 서 있는 외국인이 아
이에게 딱딱하다고 말하거나 한국 사람들은 체벌을 심하게 한다고 하면 그
의도가 제대로 전달되지 않거나 상대방의 오해를 사기도 한다.

이처럼 발음의 차이로 인해 의미가 달라지는 단어나 표현들은 특히 강조
해서 가르치고 연습시킬 필요가 있다. 그래도 정확하게 발음할 수 없다면
부연 설명을 통해 발음의 오해를 줄일 수 있는 기술이라도 알려 주자.

"아저씨, <u>신촌</u>에 가 주세요. <u>연세대학교 근처에 있는 신촌</u>이요."

한국어 발음 교육 방법에 대해서 더 깊이 알아보려면 다음의 논저를 참고할 수 있다.

김선정(1999), 영어 모국어 화자를 위한 한국어 발음 교육 방안, 한국어 교육 10-2, 153-169쪽.

박숙희(2013), 한국어 발음교육론, 역락.

백소영(2008), 중국인 한국어 학습자의 발음 오류와 지도방법, 외국어교육연구 22-1, 77-88쪽.

이향(2013), 발음 평가에 있어서 정확성, 유창성, 이해명료성, 이해가능성 기준 간의 영향 관계 연구, 언어와 문화 9-3, 221-243쪽.

장우혁 외(2014), 제2언어 학습자를 위한 한국어 파열음 발음 교육 -중국인과 몽골인 학습자를 중심으로-, 몽골학 37, 115-131쪽.

조성문(2004), 일본인 학습자의 한국어 모음 발음에 대한 연구, 한국과학기술정보연구원(KISTI), 음성과학 11-3, 69-81쪽.

허용 · 김선정(2006), 외국어로서의 한국어 발음교육론, 박이정.

✓ 학습자의 모국어에 따라 배우기 어려워하는 한국어 발음이 다르다.

✓ 발음 교육은 다양한 시청각 자료를 활용해서 많이 듣고, 보고, 따라 하게 하는 것이 좋다.

✓ 미묘한 발음 차이로 의미가 달라지는 경우는 집중적으로 가르치는 것이 좋다.

생각해 보기 확인 다음 중 맞다고 생각하는 것에 ✓ 표시를 해 보세요.

☑ 한국어를 배울 때 학습자의 모국어에 없는 소리는 발음하기가 더 어렵다.

➡ 맞아요. 모국어에 없는 소리를 발음하는 것은 새로운 악기를 배우는 것처럼 어려운 일입니다.

☑ 학습자의 모국어에 따라 한국어를 배울 때 잘하는 발음과 못하는 발음이 있다.

➡ 맞아요. 모국어는 외국어 학습에 영향을 끼치기 때문에 모국어에 따라 잘할 수 있는 발음과 잘하지 못하는 발음이 있습니다.

☑ 학습자의 모국어 발음과 비교하면서 한국어 발음을 가르치면 도움이 된다.

➡ 맞아요. 학습자의 모국어에 없거나 조금 다른 발음을 배울 때 힘들어하므로 모국어와의 차이를 비교해 주면 효과적으로 배울 수 있습니다.

☐ 처음에 어려운 발음을 가르치고 나중에 쉬운 발음을 가르치는 것이 효과적이다.

➡ 틀려요. 처음에는 익숙한 발음부터 가르치고 어려운 발음을 차차 단계적으로 가르치는 것이 발음 학습에 도움이 됩니다.

한국어 만세 시리즈 ❷

제2부

어휘·문법,
어떻게 제시할 것인가

05 조사를 잘 써야 한국어다워진다

06 날씨가 춥어요. 문을 달으세요

07 만나고 갔니, 만나서 갔니

08 삼 분과 세 분의 차이

09 발음은 같아도 뜻이 달라

10 우리는 단짝 어휘

05 조사를 잘 써야 한국어다워진다

조사를 효과적으로 가르치는 방법

베트남에서 온 H씨. 한국에 오기 전부터 K-pop을 들으며 한국어를
배웠다. 주위에 있는 한국 사람들이 한국어를 잘한다고 늘 칭찬을 해
준다. 그런데 한국어 선생님은 늘 '조사'를 잘 사용하라고 강조하신다.
H씨가 조사를 쓸 때마다 잘못되었다며 바로 고쳐 주신다. 조사 때문
에 한국어로 말할 때마다 점점 자신감이 사라진다.
베트남 말에는 없는 조사가 한국어에서는 왜 필요한 걸까?
그리고 조사를 바꿔 쓰면 문장 뜻이 완전히 달라지는 걸까?

생각해 보기

다음 중 조사가 바르게 사용된 문장에 ✔표시를 해 보세요.

☐ 날씨를 좋다.   ☐ 날씨가 좋다.

☐ 나는 어제 친구를 만났다.   ☐ 나는 어제 친구에 만났다.

☐ 이것은 내가 어제 먹은 과자다. ☐ 이것은 나는 어제 먹은 과자다.

🏠 언어마다 다른 문법적 특징

　언어마다 고유의 문법적 특징이 있다. 어떤 언어는 단어의 변화 없이 어순에 따라 문법적인 의미가 달라지기도 하고, 어떤 언어는 단어의 모양이 바뀜으로써 문법적인 의미를 나타낸다. 또 어떤 언어는 단어 뒤에 새로운 형태를 붙여서 문법적인 의미를 보태어 표현하기도 한다. 이런 문법적 특징을 아는 것은 새로운 언어를 배우고 이해하는 데 기초가 된다.

　그렇다면 한국어의 문법적 특징은 무엇일까? 그리고 어떻게 가르쳐야 할까?

🏠 한국어는 착착 붙는 단어?

　중국어는 단어의 변화가 없이 단어가 쓰인 위치(어순)에 따라서 문법적인 의미가 달라진다. 이런 언어를 혼자 독립적으로 쓰인다고 해서 고립어(孤立語, isolating language)라 부른다.

> 我吃米饭. (나는 밥을 먹는다.)
> 他给我饭. (그는 나에게 밥을 주었다.)
> 他爱我. (그는 나를 좋아한다.)

　'나'를 나타내는 한자 '我'는 아무런 변화가 없는데 단지 문장에서의 위치(어순)가 바뀜에 따라 '나는, 나에게, 나를'로 문

법적인 의미가 달라지는 것을 볼 수 있다.

한편 영어나 독일어, 러시아어 등의 언어는 단어 자체를 변화시켜서 문법적인 뜻을 나타낸다. 이런 언어를 모양이 바뀐다고 해서 굴절어(屈折語, inflectional language)라 부른다.

I eat lunch. (나는 점심을 먹는다.)
I ate lunch. (나는 점심을 먹었다.)

My hat is red. (나의 모자는 빨갛다.)
This hat is mine. (이 모자는 내 것이다.)
He gave me this hat. (그가 이 모자를 나에게 주었다.)

이처럼 어순이나 단어의 변화로 문법적인 기능을 하는 언어와 달리 한국어와 일본어는 의미를 가지고 있는 요소 뒤에 조사나 어미를 붙여서 문법적인 의미를 나타낸다. 단어에 문법적 요소가 덧붙는다고 해서 첨가어 혹은 교착어(添加語, 膠着語; agglutinative language)라 부른다.

나 는 밥 을 먹 었 다.
私-は ご飯-を 食べ-た.

한국어에서는 조사나 어미의 도움 없이는 메시지의 정확한 뜻을 전달하기 어렵고 잘못 사용하면 오해를 사게 되기도 한다. 다음의 예처럼 '그',

'나', '꽃', '주다'라는 단어를 단지 나열하기만 하는 것은 말하는 이의 의도가 제대로 전달되기 충분하지 않다.

그 / 나 / 꽃 / 주다

(그가 나에게 꽃을 준다? 그에게 내가 꽃을 주었다? 그에게 내 꽃을 준다?)

단어의 단순한 나열이 아니라 '는', '에게', '을'이라는 조사가 첨가되면 문장의 뜻이 분명해진다. 이런 조사의 역할 덕분에 어순이 바뀌어도 문장의 전반적인 뜻은 그대로 유지된다. 물론 다음 예에서 볼 수 있듯이 어순에 따라 다소의 어감 차이가 있기는 하다.

나는 그에게 꽃을 준다.
= 그에게 나는 꽃을 준다.
= 꽃을 나는 그에게 준다.
= 나는 준다, 그에게 꽃을.

이처럼 한국어의 의미를 제대로 전달하기 위해서는 첨가어(교착어)의 특징을 이해하고 조사를 적재적소에 사용해야 한다.

조사는 너무 어려워

일반적으로 자신의 모국어에 없는 어휘나 문법 요소를 배울 때 학생들은 어려움을 겪는다. 조사는 대부분의 언어에 나타나지 않기 때문에 학습자들에게는 낯선 존재일 수밖에 없다.

학생들이 특히 어려워하는 것은 '이/가'와 '은/는' 그리고 '을/를'의 사용이다. 영어권 학습자의 경우, '에게', '에서' 등의 조사는 영어의 전치사 'to', 'from'으로 대치될 수 있기 때문에 비교적 바르게 사용한다. 그러나 '이/가', '은/는', '을/를' 등은 영어에 마땅히 대응되는 것이 없어서 잘못 사용할 때가 많다. 다음이 대표적인 예다.

 저는 케이크를 좋아요.
　　➡ 저는 케이크가 좋아요.

 저는 먹은 케이크는 치즈케이크였어요.
　　➡ 제가 먹은 케이크는 치즈케이크였어요.

일본 학생들도 종종 한국어 조사를 틀린다. 같은 상황에서 사용하는 조사가 한국어와 다르기 때문이다. 다음과 같은 예가 있다.

 책상가 너무 작아요.
　　➡ 책상이 너무 작아요.

 나는 친구에 만났어요.
　　➡ 나는 친구를 만났어요.

일본어에서 주격조사는 'が(가)' 하나밖에 없기 때문에 한국어로는 '이'로 써야 될 상황에서도 모두 '가'로 말해 버릴 때가 있다. 또 '~을/를 만나다'는 'に 会う(~에 만나다)'로 표현하기 때문에 한국어에서도 '을/를' 대신 '에'를 쓰기도 한다.

이처럼 학습자의 언어권별로 한국어 조사 사용의 특징을 알아 두면 한국어를 가르칠 때 참고가 된다.

🏠 비교를 통해 가르치기: 이/가, 은/는

조사 '이/가'와 '은/는'은 한국어 초급 단계부터 접하게 되는 대표적인 조사다.

저는 중국 사람입니다.
이것이 무엇입니까?
그것은 책입니다.

한국어 초급 교과서에서 흔히 볼 수 있는 문장이다. 그런데 이때부터 학생들은 '이/가'와 '은/는'이 어떻게 다른지 제대로 알지 못하고 쓰다가 고급 수준이 되어서까지 잘못 사용하는 경우가 많다. 한국어를 오랫동안 배운 학생들은 소위 '감'에 따라서 '이/가'와 '은/는'을 쓴다고 하는데, 한국어에 대한 직관이 없는 상태에서 자신의 잘못된 '감'을 믿고 쓰는 것은 그리 믿을 만한 것이 아니다. 그렇다면 '이/가'와 '은/는'은 어떻게 다를까?

■ '이/가'와 '은/는'은 태생이 다르다.

'이/가'와 '은/는'은 처음부터 다른 역할을 가지고 태어났다. '이/가'는 주격조사*로서 앞에 나오는 명사에 문장의 주어 자격을 부여하는 기능이 있다. 예를 들어 '김치'와 '맛있다'라는 두 단어를 '가'로 연결하면 '김치'는 '맛있다'의 주어가 된다. 그러나 '먹는다'의 목적어 자리에 '이/가'를 써서 '김치가 먹는다.'로 쓸 수 없고 부사어 자리에도 '이/가'를 쓸 수 없다.

김치가 맛있다. (○)
김치가 먹는다. (×)
부산이 갈 거야. (×)

'이/가'가 자격을 나타내는 기능을 하는 것과 달리, '은/는'은 보조사**로서 특별한 의미를 더하는 역할을 한다. 즉, '은/는'은 문법적 기능을 하는 것이 아니라 의미를 부여하는 것이다. '은/는'은 문장에서 어떤 자리에도 자유롭게 실현된다. '김치는 맛있다.'와 같이 주어 자리뿐만 아니라 '김치는 먹는다.'와 같이 목적어의 자리와 '부산은 갈 거야.'와 같이 부사어에도 사용할 수 있다.

김치는 맛있다. (○)
(나는) 김치는 먹는다. (○)
부산은 갈 거야. (○)

---

* 격조사에 대한 설명은 90쪽 '참고' 부분의 설명을 참고하세요.
** 보조사에 대한 설명은 90쪽 '참고' 부분의 설명을 참고하세요.

■ '은/는'에는 특별한 의미가 있다.

　　영수가 김치는 먹는다.
　　김치에는 두부가 어울린다.
　　영수는 김치를 먹지만 동생은 안 먹는다.

'은/는'에는 '강조'와 '대조'의 의미가 있다. 영수가 '김치는 먹는다'고 하면 김치 외에 다른 것은 먹지 않는다는 것을 의미한다. '영수가 김치를 먹는다.', '영수가 김치도 먹는다.'와 같은 문장과 비교해 보면 '은/는'의 특별한 의미를 쉽게 이해할 수 있다.
'김치에는 두부가 어울린다.'고 하면 김치에 두부가 특히 어울림을 강조한다. '은/는'이 있을 때와 없을 때의 어감을 비교해 보자. 마지막 문장에서는 김치를 좋아하는 영수와 김치를 좋아하지 않는 동생이 서로 '대조'를 이루고 있다. 이와 같이 한국어 수업에서 '문화 비교', '과거와 현재의 일 비교', '성격 비교' 등을 말하거나 쓸 때 '은/는'은 매우 유용한 조사다.

　■ '이/가'를 써야 할 때와 '은/는'을 써야 할 때

　• 신(新)정보에는 '이/가' vs 구(舊)정보에는 '은/는'
여러 문장으로 이어진 글에서 처음으로 등장하는 사물이나 화제에 대해서는 '이/가'를 사용한다. 그러나 이미 언급된 내용을 다시 말하면서 이야기를 전개해 나갈 때는 '은/는'이 자연스럽다.

　　옛날에 한 소녀가 살았습니다. 그 소녀는 꽃을 좋아했습니다.

그리고 '누가?', '무엇이?'와 같은 질문에 대한 대답으로서 초점이 될 때도 '이/가'를 사용한다.

> Q: 누가 베트남 사람이에요?
> A: 제가 베트남 사람이에요. (○)
> 저는 베트남 사람이에요. (×)

'누가' 베트남 사람인지를 묻는 질문에 대해 새로운 정보를 제공해야 할 때 '제가'를 사용할 수 있지만, '저는'이 부자연스럽다는 것을 앞의 예에서 확인할 수 있다.

• 안긴 문장의 주어는 '이/가'만

'이/가'와 '은/는'의 차이는 겹문장에서도 나타난다. 문장 안에 또 하나의 문장이 안겨 있는 구조에서 안긴 문장의 주어는 '이/가'만 사용할 수 있고,

‘은/는’은 쓸 수 없다.

이것은 내가 좋아하는 책이다. (○)

이것은 나는 좋아하는 책이다. (×)

참고

안은 문장과 안긴 문장

주어와 서술어가 두 개 이상으로 구성된 문장에서 바깥쪽에 있는 문장을
‘안은 문장’이라고 하고, 안에 있는 문장을 ‘안긴 문장’이라고 한다.

이것은 내가 좋아하는 책이다.

이것은 책이다 → 안은 문장

내가 좋아하다 → 안긴 문장

참고

은/는 vs 이/가

앞에서 언급한 ‘은/는’과 ‘이/가’의 차이를 정리하면 다음과 같다.

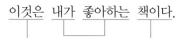

구분	은/는	이/가
화제 (Topic)	*‘은/는’의 뒤에 오는 말이 더 중요	*‘이/가’의 앞에 오는 말이 더 중요

	오늘은 비가 왔다. 마이클은 연세대에서 한국어를 배운다. 제 이름은 톳사편입니다.	Q: 누가 알리 씨입니까? A: 이 사람이 알리 씨입니다. Q: 누가 발표해 볼까요? A: 제가 하겠습니다. Q: 언제 방학이에요? A: 다음 주 금요일이 방학이에요.
정보 (Information)	*구정보(old information): 앞서 나온 단어를 다시 언급할 때 나에게는 보물이 하나 있다. 그 보물은 어머니께서 주신 반지다. 어제 고향 친구를 만났다. 그 친구는 한국어를 아주 잘한다.	*신정보(new information): 어떤 단어를 처음 언급할 때 나에게는 보물이 하나 있다. 그 보물은 어머니께서 주신 반지다.
대조/비교 (contrast/ comparison)	어제는 비가 왔다. 오늘은 비가 오지 않는다. 지난주에는 숙제가 많아서 바빴다. 이번 주에는 숙제가 없어서 바쁘지 않다.	
2개의 주어 (Subject)	* 안은 문장의 주어 그 친구는 키가 크다. 나는 한국어 말하기가 가장 어렵다.	* 안긴 문장의 주어 그 친구는 키가 크다. 나는 한국어 말하기가 가장 어렵다.

🏠 용언(동사, 형용사)과 함께 가르치기: 으로/에/에서/과/를

어떤 용언(동사, 형용사)이 항상 같은 조사와 함께 쓰인다면 조사를 함께 가르치는 것이 좋다.

보통 한국어 학습자들은 '에'를 장소의 의미로 알고 있어서 장소 명사(밖)가 나올 때는 습관적으로 '에'를 쓰는 경우가 있다.

> 밖에 가다. (○)
>
> 밖에 춥다. (×)　　➜　　밖이 춥다.
>
> 밖에 놀다. (×)　　➜　　밖에서 놀다.

그런데 한국어의 조사는 명사와의 관련성보다는 뒤에 오는 동사와의 관련성이 더 크다. 따라서 '~에 가다', '~에서 들어오다', '~이 춥다', '~에서 놀다'와 같이 용언(동사, 형용사)과 묶어서 문형처럼 가르치면 학습자들의 실수를 줄일 수 있다.

조사와 동사의 결합에 대해 몇 가지 예를 들면 다음과 같다.

> 명사 으로/로 나가다 　　　명사 으로/로 들어오다
>
> 명사 에 있다 　　　　　　　명사 에 대해서
>
> 명사 와/과 비교하다 　　　명사 와/과 비슷하다
>
> 명사 을/를 만나다 　　　　명사 을/를 위해서

🏢 조사 바르게 사용하기

앞말에 붙어 문법적인 기능을 더해 주는 조사는 한국어에서 매우 중요한 역할을 한다. 이것은 다른 언어에는 없는 독특한 특징이기 때문에 한국어 학습자들이 배워서 정확하게 쓰기가 쉽지 않다. 하지만 조사를 제대로 사용하면 다른 언어로는 표현할 수 없는 미묘한 의미 차이까지 전달할 수 있다.

조사는 학습 초기부터 정확하게 가르치고 연습을 통해 습관화되도록 강조할 필요가 있다. 조사를 잘 쓰면 더욱 한국어다운 표현을 할 수 있다.

한 걸음 더

한국어의 조사와 교수법에 대해서 더 깊이 알아보고 싶다면 다음의 논저를 참고할 수 있다.

고석주(2004), 현대 한국어 조사의 연구 1: '격 개념'과 조사 '-가'와 '-를'을 중심으로, 한국문화사.

오현정(2011), 보조사 '은/는'과 주격조사 '이/가'의 교수·학습 방법 연구 -한국어 고급 단계 외국인 학습자를 대상으로-, 한국어 의미학 35, 189-213쪽.

유현경 외(2007), 한영 병렬 말뭉치를 이용한 한국어 조사 "가"와 "는"의 선택 원리 연구, 언어와 정보 11-1, 1-23쪽.

이은경(1999), 한국어 학습자의 조사 사용에 나타난 오류 분석: 한국어 학습자의 작문을 중심으로, 연세대학교 석사학위논문.

✔ 한국어는 첨가어(교착어)에 속한다.

✔ 뜻이 비슷한 조사는 서로 비교하면서 가르치는 것이 좋다.

✔ 조사는 용언(동사, 형용사)와 함께 가르치는 것이 효과적이다.

 생각해 보기 확인

다음 중 조사가 바르게 사용된 문장에 ✔표시를 해 보세요.

☐ 날씨를 좋다.　　　　　　☑ 날씨가 좋다.

➜ '좋다'는 '∼이/가 좋다'의 형태로 쓰입니다. '∼을/를'의 뒤에는 동사가 옵니다.

☑ 나는 어제 친구를 만났다.　　☐ 나는 어제 친구에 만났다.

➜ '만나다' 앞에는 '을/를'을 써야 합니다.

☑ 이것은 내가 어제 먹은 과자다.　☐ 이것이 나는 어제 먹은 과자다.

➜ 안긴 문장의 주어에는 '이/가'를 써야 합니다.

'은/는'과 '이/가' 구분하기

'은/는'과 '이/가' 중에서 더 적절한 것을 골라 괄호 안에 써 보세요.

1. 오늘(   ) 날씨가 꽤 춥다. 어제(   ) 그다지 춥지 않았다.
2. 우리 부모님(   ) 자식 사랑(   ) 각별하시다.
3. Q: 누가 톰 씨입니까?

   A: 이 사람(   ) 톰 씨입니다.
4. 어제 고향 친구를 만났다. 그 친구(   ) 한국어를 아주 잘한다.
5. 우리 언니(   ) 성격(   ) 정말 좋다.
6. 나는 한국어 선생님(   ) 되고 싶다.
7. 아직 말하기 능력(   ) 부족하지만 쓰기 능력은 많이 늘었다.
8. 우리 반에는 외국 생활 경험(   ) 풍부한 친구들이 많다.
9. 제 이름(   ) 디드라입니다.
10. 우리(   ) 너의 꿈(   ) 꼭 이루어지기를 바란다.

정답
1. 오늘(은) 날씨가 꽤 춥다. 어제(는) 그다지 춥지 않았다.
2. 우리 부모님(은) 자식 사랑(이) 각별하시다.
3. Q: 누가 톰 씨입니까?   A: 이 사람(이) 톰 씨입니다.
4. 어제 고향 친구를 만났다. 그 친구(는) 한국어를 아주 잘한다.
5. 우리 언니(는) 성격(이) 정말 좋다.
6. 나는 한국어 선생님(이) 되고 싶다.
7. 아직 말하기 능력(은) 부족하지만 쓰기 능력은 많이 늘었다.
8. 우리 반에는 외국 생활 경험(이) 풍부한 친구들이 많다.
9. 제 이름(은) 디드라입니다.
10. 우리(는) 너의 꿈(이) 꼭 이루어지기를 바란다.

격조사와 보조사

● 격조사: 체언이나 용언의 명사형 아래에 붙어서 그 체언이나 용언의 명사형이 문장 안에서 다른 말에 대하여 가지는 자리를 나타내는 조사

  − 주격조사: 이/가, 께서, 에서
  − 목적격조사: 을/를
  − 보격조사: 이/가('되다', '아니다' 앞에 오는 경우)
  − 관형격조사: 의
  − 부사격조사: 에게, 으로/로, 으로써/로써, 에게서 등
  − 호격조사: 야/아, 이여/여
  − 서술격조사: 이다

● 보조사: 체언이나 용언의 명사형 아래에 붙어서 그 체언이나 용언의 명사형에 어떤 뜻을 첨가하여 주는 조사

은/는(대조), 만/뿐(단독), 도(역시), 부터(시작, 먼저), 까지(미침), 조차(추종), 마다(균일), 이나/나(선택), 이라도/라도(불택), 마저(추종), 이나/나(확대), 이나마/나마(불만), 이야(말로)/야(말로)(특수), 인들/들(비특수), 은커녕/는커녕(물론), 서껀(여럿), 밖에(더없음), 을랑/랑(지적)

참고: 이응백(2002), 국어국문학자료사전, 한국사전연구사, 170-171쪽, 1282쪽.

06 날씨가 춥어요. 문을 달으세요*

불규칙 용언의 변화를 외우는 노하우

---

* 이 표현은 외국인이 자주 사용하는 표현을 제목으로 삼은 것으로 바른 맞춤법 표현이 아님을 밝힙니다.

● 중국에서 온 B씨는 ㅂ 불규칙 동사가 제일 싫다. '추워요, 추우니까, 추우면, 추우고, 추우지만???' 말할 때마다 선생님이 틀렸다고 해서 자신감이 점점 더 사라지고 있다.

● 일본에서 온 A씨는 최근에 배운 'ㄷ' 불규칙 동사를 외우느라 머리가 아프다. 이제는 '들으세요', '물으세요', '걸으세요'가 자연스럽게 나온다. 그런데 왜 '문을 달으세요', '선물을 발으세요'는 안 되는지 모르겠다. 한국어 불규칙 동사는 너무 복잡하다.

다음 중 맞다고 생각하는 것에 ✔ 표시를 해 보세요.

☐ 한국어의 불규칙 활용은 단어마다 따로 외우게 해야 한다.

☐ 어간이 'ㄷ'으로 끝나는 동사는 일부 단어만 불규칙 활용을 한다.

☐ 어간이 'ㅂ'으로 끝나는 동사는 모두 불규칙 활용을 한다.

☐ 어간이 'ㅎ'으로 끝나는 동사는 일부 단어만 불규칙 활용을 한다.

🏛 불규칙 용언 외우기는 힘들어

　외국 학생들을 가르칠 때 불규칙 용언은 어렵고 외울 게 많다는 불평을 자주 듣는다. 'ㄷ' 불규칙, 'ㅂ' 불규칙, 'ㅅ' 불규칙, 'ㅎ' 불규칙, '르' 불규칙 등 그때그때 다르게 바뀌는 불규칙 활용을 모아서 설명하고 나면 학생들은 지쳐서 쓰러질 지경이다. 한국어 학습자들은 한국어에는 왜 이렇게 불규칙이 많아서 자신들을 괴롭히느냐며 볼멘소리를 한다. 이러한 불규칙 용법은 성인 학습자들이 외우기에 결코 만만하지 않은 것임은 인정한다.

　불규칙 용언이 있는 건 다른 언어도 마찬가지다. 우리도 학생 때 'eat, ate, eaten', 'go, went, gone' 등 영어 불규칙 동사를 외우느라 힘들었다. 그리고 일본어에도 '来(く)る → 来(き)ます·来(こ)ない', 'する → して' 등의 불규칙 활용이 있다. 물론 다른 언어의 불규칙 동사는 수가 상대적으로 적고 어휘마다 개별적으로 나타나는 데 반해, 한국어의 불규칙 용언은 적용되는 단어의 수가 많고 비슷한 음운적 환경에서는 공통적으로 발생하기에 유형화할 수 있다는 점은 다르다.

　우리는 수천, 수만 번 반복 사용해서 규칙인지 불규칙인지도 모르고 습관적으로 사용하는 표현들을 외국인들에게 어떻게 가르쳐야 그들이 쉽게 이해할 수 있을까?

용언의 활용이란

한국어의 용언(동사, 형용사)은 문법적인 의미와 기능에 따라 다음과 같이 다양한 모습으로 바뀐다. 이를 용언의 활용이라고 한다.

어간	어미
먹-	-다 -고 -지 -으면 -었- -어서 -어도

어간	어미
덥-	-다 -고 -지
더우-	-면 -었- -어서 -어도

기본형에서 '-다'를 뺀 부분인 '먹-'과 '덥-'을 용언의 어간(語幹)이라고 하고, 다양한 형태로 바뀌는 '-다, -고, -지, -으면' 등을 용언의 어미(語尾)라고 한다.

대부분의 용언은 위의 표와 같이 어미와 결합할 때 용언의 어간이 변하지 않고, 다양한 문법적 의미를 가진 어미를 어간에 붙이기만 하면 된다. 이런 활용을 '규칙 활용'이라고 하고, '먹다'와 같이 형태의 변화가 없는 용언을 '규칙 용언'이라고 한다. 그러나 어떤 용언은 어미와 결합할 때 특정 조건에서 어간의 일부나 어미의 일부가 변하기도 한다. 이러한 활용을 '불규칙 활용'이라고 하고, '덥다'와 같이 형태가 바뀌는 용언을 '불규칙 용언'이라고 한다.

🏠 규칙이 없으면 나만의 규칙을 만들라

학창 시절에 시험을 앞두고 외워지지 않는 명칭이나 지명 등을 외우기 위해서 앞 글자만 따다가 새로운 단어를 만들거나, 익숙한 음에다가 외울 내용을 넣어서 노래를 만들어 부른 경험이 한두 번쯤 있을 것이다.

1급 수업에서 '읽으십니다'와 '읽습니다'가 늘 헷갈린다며 고민하던 한 학생이 있었다. 어느 날 상기된 얼굴로 수업 시간에 들어와서는 드디어 고민을 해결했다고 기뻐하며 자신만의 노하우를 알려 주었다. 집에서 누워 있다가 친구나 동생이 오면 그대로 누워 있지만 윗사람이 오면 일어나야 하는 것처럼 높임 표현은 일어선 모양의 '-십니다'가 되고 낮춤 표현은 누워 있는 모양의 '-습니다'가 된다는 것이었다. 문법적인 근거가 있고 없고를 떠나서 이 학생의 발견은 독창적이면서도 자신의 오류를 말끔하게 해결할 수 있는 최고의 문법 암기법이었기에 칭찬해 주었다.

이처럼 용언의 불규칙 활용도 독특한 규칙을 통해 빨리 외울 수 있는 방법이 없을까? 여기서는 한국어 교사들이 사용하는 몇 가지 예를 들어 보겠다.

■ '을' 탈락 용언의 활용 방법 가르치기

어간이 '을'로 끝나는 용언은 다음과 같이 활용한다.

어간	어미
놀-	-다
	-고
	-지
	-면
	-았-
	-아서
	-아도
노-	-니까
	-는
	-ㅂ시다
	-ㅂ니다
	-시-

표에서 어떤 규칙이 보이는가? 어떤 어미와 결합하면 '놀-'이 되고 어떤 어미와 결합하면 '노-'가 되는가? 그렇다. '놀-' 뒤에 'ㄴ, ㅂ, ㅅ'으로 시작하는 어미가 오면 '놀-'에서 '을'이 탈락되어 '노-'가 되는 것을 알 수 있다.

숨어 있는 규칙을 찾았다면, 다음 단계는 이것을 학습자들이 쉽게 기억할 수 있는 재미있는 암기 방법을 찾는 것이다. 여기에는 교사들의 다양한 아이디어가 활용될 수 있다.

어떤 교사는 이 현상을 설명하기 위해서 '스누피'의 동생인 '스누비'를 가

상으로 만들어서 어간의 'ㄹ'이 스누비 앞에서 없어진다고 설명하기도 한다. 즉, 스(-시), 누(-니까, -는), 비(-ㅂ시다, -ㅂ니다) 앞에서 어간의 'ㄹ'이 없어진다는 뜻이다.

그리고 어떤 교사는 'ㄹ' 뒤에 **노버스**가 오면 'ㄹ'이 사라진다고 알려 주기도 한다. 노(-니까, -는), 버(-ㅂ시다, -ㅂ니다), 스(-시) 앞에서 'ㄹ'이 사라진다는 설명이다. 'ㄹ'이 버스를 기다리는데 버스가 안 오면 'ㄹ'도 떠난다는 이야기를 만들어서 가르치면 학생들이 'ㄹ'로 끝나는 용언이 나올 때마다 '노버스'를 떠올리며 바르게 활용할 수 있다.

■ 'ㄷ' 불규칙 용언의 활용 방법 가르치기

하나의 예를 더 들어 보면, 어간의 받침이 'ㄷ'으로 끝나는 용언은 다음과 같이 활용한다.

어간	어미
듣- (친구에게) 묻- 걷- 싣-	-다 -고 -지
듣- 물- 걸- 실-	-으면 -었- -어서 -어도

어간	어미
닫- 받- (땅에) 묻- 믿- 잡- 좁- 집-	-다 -고 -지 -으면 -았/었- -아서/어서 -아도/어도

어간의 받침이 'ㄷ'인 경우, 모음으로 시작되는 어미와 결합하면 'ㄹ'로 바뀐다는 것을 알 수 있다. 이것은 쉽게 규칙화할 수 있다. 그런데 문제는, 오른쪽 표와 같이 일부 용언에서는 어간이 전혀 변하지 않는 규칙 활용을 한다

는 점이다. 이렇게 되면 외국 학생들은 어간의 받침에 'ㄷ'이 오는 경우에 'ㄷ'으로 발음할지, 'ㄹ'로 발음할지 헷갈리게 된다.

이럴 때는 형태가 변하는 단어와 변하지 않는 단어부터 구분해서 알려 줘야 한다. 그리고 학생들

이 어느 쪽을 외우는 것이 더욱 효율적인지를 생각해야 한다. 아무래도 단어의 숫자가 많은 규칙 용언보다는 숫자가 적은 불규칙 용언을 외우는 것이 힘이 덜 들 거라는 짐작을 할 수 있다.

다음 단계는 불규칙 용언으로 활용을 하는 단어들 사이에 소리나 의미의 관련성이 있는지를 생각한다. 비록 논리적인 설명은 어렵더라도 외우기에 좋은 관련성은 찾아낼 수 있을 것이다.

어떤 교사는 'ㄷ' 불규칙 활용을 하는 동사인 '걷다', '묻다', '싣다', '걷다'가 모두 신체의 일부를 사용하는 동사라는 공통점을 찾아냈다. 그리고 다음과 같은 그림을 그려서 귀로 듣고, 입으로 묻고, 손으로 싣고, 발로 걷는 네 동사는 'ㄷ'이 'ㄹ'로 바뀐다고 설명한다. 시각적인 것을 활용하면 단순히 설명만 할 때보다 더 오래 기억에 남는다. 이 그림도 한국어 학습자들이 'ㄷ' 불규칙 동사를 만날 때마다 되살아나 정확한 한국어 표현을 하도록 도와줄 것이다.

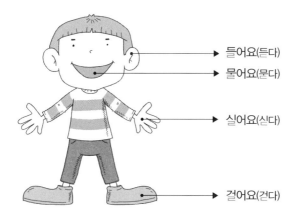

들어요(듣다)
물어요(묻다)
실어요(싣다)
걸어요(걷다)

🏠 한국어 교사는 규칙이 없는 곳에서 규칙을 만들어 낼 줄 알아야

외국어를 배울 때는 언어 자체의 문법적 규칙을 아는 것도 중요하지만 쉽게 배워서 빨리 사용할 수 있는 나름의 규칙, 즉 팁도 필요하다. 이것을 위해서 한국어 교사들은 규칙이 없는 곳에서 자기 나름의 규칙을 만들어 학생들에게 재미있게 외울 수 있는 방법을 가르쳐 주려는 노력도 해야 한다. 이를 위해 한국어 교사는 가끔씩 상상의 나래를 펼 필요가 있다.

한국어의 불규칙 용언 활용표

불규칙 활용 구분	후행 어미	변화	예시	불규칙 용언	규칙 용언
ㄹ	ㄴ, ㅂ, ㅅ	'ㄹ' 탈락	살+니까 →사니까	모든 용언	×
으	모음	'ㅡ' 탈락	쓰+어서 →써서	모든 용언	×
우	-아/어	'ㅜ' 탈락	푸+어서 →퍼서	푸다	'푸다' 이외의 모든 용언
ㅂ	모음	'ㅂ'이 '오/우'로 교체	덥+어서 →더워서	춥다, 어렵다, 돕다, -스럽다, -롭다 등	입다, 잡다, 집다, 좁다 등
ㄷ	모음	'ㄷ'이 'ㄹ'로 교체	묻+어서 →물어서	묻다, 듣다, 걷다, 싣다 등	받다, 믿다, 닫다, 묻다(땅에) 등
ㅎ	-으	'ㅎ' 탈락	빨갛+은 →빨간	빨갛다, 하얗다, 어떻다, 이렇다 등	좋다, 낳다, 놓다 등
	-어/아	• 'ㅎ' 탈락 • '어/아'가 '애'로 교체	빨갛+어서 →빨개서		
ㅅ	모음	'ㅅ' 탈락	젓+어서 →저어서	붓다, 젓다, 낫다, 짓다 등	씻다, 빗다, 벗다, 웃다 등
르	-어/아	• 'ㅡ' 탈락 • 'ㄹ' 추가	다르+아서 →달라서	'푸르다, 이르다 (시간)' 이외의 거의 모든 용언	×
러	-어/아	• '러' 추가	푸르다 →푸르러	푸르다, 이르다 (시간)	×

한국어의 용언 활용과 교수 방법에 대해서 더 깊이 알고 싶다면 다음의 논저를
참고할 수 있다.

남지순(2007), 한국어 학습자를 위한 한국어 동사·형용사 활용 마법사, 박이정.

박희진 외(2012), 한국어 규칙 동사와 불규칙 동사의 심성 어휘집 접근 과정, 인지과
　　　학 23-1, 1-23쪽.

이대규(2000), 외국인을 위한 한국어 불규칙 동사의 교육 방법, 이중언어학 17-1,
　　　207-281쪽.

✓ 한국어의 모든 용언은 활용을 한다.

✓ 한국어에서 불규칙 활용을 하는 용언은 주로 음운적인 공통
성이 있다.

✓ 불규칙 용언을 무조건 외우게 하기보다 쉽게 기억하는
방법을 개발하는 것이 좋다.

 생각해 보기 쌤의

다음 중 맞다고 생각하는 것에 ✓표시를 해 보세요.

☐ 한국어의 불규칙 활용은 단어마다 따로 외우게 해야 한다.

➡ 틀려요. 한국어의 불규칙 활용은 음운적인 환경의 영향을 받기 때
문에 유형화시켜서 가르칠 수 있습니다.

☑ 어간이 'ㄷ'으로 끝나는 동사는 일부 단어만 불규칙 활용을
한다.

➡ 맞아요. '받다, 닫다' 등은 '받아요, 닫아요'와 같이 규칙적으로 변
화하고, '묻다, 걷다' 등은 '물어요, 걸어요'와 같이 'ㄷ'이 'ㄹ'로 바뀝
니다.

☐ 어간이 'ㅂ'으로 끝나는 동사는 모두 불규칙 활용을 한다.

➡ 틀려요. '좁다, 집다' 등은 '좁아요, 집어요'와 같이 규칙적으로 변화하고, '돕다, 아름답다' 등은 '도와요, 아름다워요'와 같이 'ㅂ'이 '오/우'로 바뀝니다.

☑ 어간이 'ㅎ'으로 끝나는 동사는 일부 단어만 불규칙 활용을 한다.

➡ 맞아요. '좋다, 놓다' 등은 '좋아요, 놓아요'와 같이 규칙적으로 변화하고, '빨갛다, 어떻다' 등은 '빨개요, 어때요'와 같이 'ㅎ'이 탈락하고 모음도 바뀝니다.

07 만나고 갔니, 만나서 갔니

미묘한 차이는 적절한 상황 제시를 통해 설명하라

한국어교육능력검정시험 2차 면접 시험장, Y씨는 떨리는 마음으로 면접관의 질문에 귀를 기울이고 있다.

"수업 시간에 비슷한 문법 표현에 대해 질문을 받았을 때 어떻게 설명하면 좋을지에 대해 말해 보십시오. 한국어에서 높은 빈도로 쓰이는 '-아서'와 '-고'를 다음의 그림을 보면서 설명해 보십시오."

일상생활에서 자주 쓰는 표현인데도 막상 설명을 하려고 하니 Y씨는 방법이 떠오르지 않아 당황스러운데……

 생각해 보기

다음 중 맞다고 생각하는 것에 ✔ 표시를 해 보세요.

☐ 한국어 문법은 외국인이 이해하기에 어려우므로 무리해서 설명하기보다는 '단순 암기'를 유도한다.

☐ 누구나 1년만 열심히 외국어를 공부하면 모국어 화자만큼의 '언어 직관'을 가질 수 있다.

☐ 비슷한 문법을 가르칠 때는 그것이 쓰이는 '실제 상황'을 예를 들어 설명하는 것이 좋다.

🏠 모국어 화자의 언어 직관

　모국어 화자에게는 모국어에 대한 직관이 있다. 그래서 수많은 표현 중에서 어떤 것을 쓰면 좋을지 굳이 고민하지 않고도 모국어 화자는 순간순간 그 상황에 맞는 표현을 선택하여 유창하게 말한다. 또한 여러 표현의 미묘한 뉘앙스 차이까지도 언어 직관으로 이해하고 있으므로 자신의 의도를 가장 잘 드러내는 것이 무엇인지 알고 그것을 사용할 줄 안다.

　한국인에게는 '한국어 직관'이 있다. 이와 달리 한국어를 외국어로서 접하는 사람들에게는 한국어에 대한 직관이 부족하다. 어떤 상황에서 어떤 표현을 써야 할지, 어떤 표현이 적절하고 어떤 표현이 부자연스러운지를 한국인만큼 잘 알지 못한다. 따라서 한국인은 의미나 기능이 비슷한 문법 표현들을 적재적소에 잘 사용하는 반면, 외국인 학습자들은 자주 혼동하는 것을 볼 수 있다.

　이러한 유사 문법의 예에는 어떤 것이 있으며, 어떻게 가르치면 좋을까?

> **Tip** 한국인 또한 외국어를 끊임없이 배우지만 그 언어권 화자만큼의 수준에 도달하기란 쉽지 않다. 예컨대 미래(의지) 표현인 'will'과 'be going to'의 미묘한 차이를 구분하지 못해서 문맥에 맞지 않는 표현을 선택한 경험이 있었을 것이다. 특정 문법이 쓰이는 상황과 문맥에 대한 언어 직관이 영어권 화자만큼 없기 때문이다.

🏠 비슷한 문법, 그게 그거?

주요 학습 내용인 문법 표현 '-아서'를 한국어 교사 K씨가 학생들에게 열심히 가르치고 있다. "친구를 만나서 공원에 갔어요."라는 예를 제시하자 한 학생이 질문을 한다.

> '친구를 만나고 공원에 갔어요.' 는 틀려요?
> '만나고'와 '만나서'는 무엇이 달라요?

의미나 기능이 유사한 두 가지 이상의 표현을 비교해 달라는 학습자의 질문이나 요청은 교육 현장에서 종종 있는 일이다. 한국인에게는 그다지 궁금하거나 의문을 갖게 되는 내용이 아니지만 한국어 직관이 없는 외국인에게는 유사 문법의 기능의 구분과 바른 사용이 어렵다.

한국어 교사는 유사 문법을 어떻게 가르쳐야 학습자의 이해를 돕고 그들이 유창한 한국어 능력을 가지게 할 수 있을지 고민하게 된다. A와 B라는 비슷한 문법을 언제나 바꿔 쓸 수 있다면 문제가 없겠지만, 맥락에 따라 특정 문법이 더 선호되고 다른 하나가 어색하게 느껴진다면 이것은 한국어 학습에서 중요한 정보라는 점을 명심할 필요가 있다.

🏠 '만나고'와 '만나서'의 공통점

'-고'와 '-아서'는 외국인들이 가장 혼동을 느끼는 문장 연결 표현 중 하나다. 이 둘은 '시간적인 순서'를 나타낸다는 점에서 공통점이 있다. 다음 예에서 볼 수 있듯이 '-고'와 '-아서'는 어떤 동작이 먼저 이루어지고 그 후에 이루어진 동작이 자연스럽게 이어진다.

먼저 이루어지는 일	나중에 이루어지는 일
선물을 사고 / 사서	
친구를 만나고 / 만나서	~을/를 했어요.
김밥을 만들고 / 만들어서	
학교에 가고 / 가서	

🏠 '만나고'와 '만나서'의 차이점

시간적인 선후 관계를 나타내는 '-고'와 '-아서'의 차이점은 앞의 동작을 '전제로 해서' 뒤의 동작이 이어지는가 그렇지 않은가에 달려 있다. 가령, '-아서'의 뒤에는 앞의 동작과 매우 밀접한 동작이 이어진다는 점이 특징이다.

먼저 이루어지는 일	나중에 이루어지는 일
선물을 사고 / 사서	(그 선물을) 동생에게 주었다.
친구를 만나고 / 만나서	(그 친구와) 영화를 보았다.
김밥을 만들고 / 만들어서	(그 김밥을) 맛있게 먹었다.
학교에 가고 / 가서	(학교에서) 공부했다.

첫 번째 예에서 선물을 사는 동작과 동생에게 주는 동작은 매우 밀접하다.

두 동작이 무관하게 일어났다면 '사서'보다는 '사고'가 어울렸을 것이다. 하지만 선물을 사는 행위에 이어서 그 선물을 동생에게 주었으므로 '사서'를 선택하는 것이 문맥상 자연스럽다.

이와 달리 만약 앞의 행위가 뒤에 올 행위의 전제가 아니라 단순히 시간적인 순서만을 나타낸다면 다음과 같이 '-고'가 더 어울린다.

숙제를 끝내고　➡　텔레비전을 봐요.

빨래를 하고　➡　청소를 해요.

책을 읽고　➡　음악을 들어요.

첫 번째 예에서 숙제를 끝내는 것과 텔레비전을 보는 것이 필연적으로 이어지는 행위라고 할 수는 없다. '-고'가 시간적인 선후 관계를 의미하지만 앞뒤 동작의 순서가 바뀌어도 크게 문제가 되지 않는다는 것이 '-아서'와의 차이점이다. 즉, '-고'는 앞의 행위가 다음 행위의 '전제'가 되지 않는다. 다음 두 예문에서는 그 차이가 더욱 명확하게 드러난다.

친구를 만나서　➡　(그 친구와 함께) 서점에 갔다.

친구를 만나고　➡　(혼자?) 서점에 갔다.

'친구를 만나서' 서점에 갔을 때는 '친구를 만나는' 뒤 행위의 전제가 되므로 친구와 함께 서점에 간 것으로 의미가 전달된다. '친구를 만나고' 서점에 갔을 때는 앞뒤 행위 사이에 필연적 연관성이 없으므로 누구와 함께 갔는지는 중요하지 않다. 혼자 갔을 가능성도 충분히 열려 있는 것이다.

🏛 적절한 예문으로 미묘한 차이 이해하기

비슷한 문법 표현을 이해하려면 그것이 쓰이는 적절한 상황을 떠올려서 교육에 활용하는 것이 좋다. 만약 다음의 대화에서처럼 외국인이 '-고'와 '-아서'의 의미를 혼동하고 있다면 대화 과정에서 이것을 자연스럽게 수정해 주면서 그 차이점을 알아차리도록 할 수 있다.

 어제 뭐 했어요?

 친구 <u>만나고</u> 서점 갔어요.

 서점에 혼자 갔어요?

 아니요, 친구 <u>만나고</u> 서점 갔어요.

 아, 친구(를) <u>만나서</u> 같이 갔군요.

 네, 친구(를) <u>만나서</u> 같이 서점에 갔어요.

'친구를 <u>만나고</u> 서점에 간 것'과 '친구를 <u>만나서</u> 서점에 간 것'은 비슷한 듯 보이지만 그 어감이 다르다. '친구를 만나서' 간 것은 '친구와 함께'라는 의미가 내포된 것이 분명하다. 반면 '친구를 만나고' 간 것은 다른 행위에 앞서서 친구를 먼저 만났다는 의미만 전달할 뿐이다. 즉, 친구와 함께 갔는지, 친구를 만났다가 헤어진 뒤에 혼자 갔는지에 대해서는 알 수 없다. 이와 같이 직접적인 수정이 아니더라도 대화하는 과정에서 자연스럽게 오류를 수정해 주는 방법은 교수 현장에서도 자주 응용된다.

🏛 모국어 화자의 직관 따라잡기

외국인들이 한국어 표현의 미묘한 차이를 한국인처럼 인식하고 정확하게 말하기란 쉽지 않다. 하지만 문법적인 표현 사이의 공통점과 차이점을 체계적으로 가르치고 연습시키면 한국어 학습자들의 어색한 표현이 점차 줄어드는 것을 확인할 수 있다.

예문과 상황을 통해 자연스러운 상황에서 연습을 하다 보면 한국어 학습자들도 어느새 적절한 표현과 어색한 표현의 차이를 구별하게 된다. 그리고 자신의 표현을 스스로 수정할 수 있는 그들 나름의 직관을 가지는 단계에도 이를 수 있다.

한 걸음 더

한국어의 유사 문법에 대해 더 상세히 알아보려면 다음의 논저를 참고할 수 있다.

강현주(2010), 추측과 의지의 양태 표현 "-겠-"과 "-(으)ㄹ 것이다"의 교육 방안 연구, 이중언어학회 43, 29-53쪽.

이윤진(2009), 유사 담화 기능의 문형 제시 연구 -한국어 교재의 "용례"를 중심으로, 한국어 교육 20-2, 151-173쪽.

이은경(2007), "-고" 접속문과 "-어서" 접속문의 비교 -동사 유형 및 문형을 중심으로-, 한국어 교육 18-2, 333-356쪽.

✔ 한국인은 한국어 직관을 가지고 있지만 외국인은 한국어에 대한 직관이 부족하다.

✔ 유사한 의미의 문법 표현을 가르칠 때는 그것이 쓰이는 상황을 예로 들어 설명하라.

✔ 유사 문법을 가르치려면 그 공통점과 차이점을 주의 깊게 살펴볼 필요가 있다.

 다음 중 맞다고 생각하는 것에 ✔ 표시를 해 보세요.

☐ 한국어 문법은 외국인이 이해하기에 어려우므로 무리해서 설명하기보다는 '단순 암기'를 유도한다.

➡ 틀려요. 단순 암기는 언어 학습에서 장기 기억으로 이어지기 어렵습니다.

☐ 누구나 1년만 열심히 외국어를 공부하면 모국어 화자만큼의 '언어 직관'을 가질 수 있다.

➡ 틀려요. 단기간에 모국어 화자만큼의 언어 직관을 갖는 것은 쉽지 않습니다.

☑ 비슷한 문법을 가르칠 때는 그것이 쓰이는 '실제 상황'을 예를 들어 설명하는 것이 좋다.

➜ 맞아요. 외국인에게는 문법을 설명하기보다 실제 예를 들어 주는 것이 효과적입니다.

유사 문법의 의미와 기능의 차이

다음은 한국어 학습자들이 구분해 사용하기 어려워하는 유사 문법의 예
를 몇 가지 든 것이다.

● '-으니까'와 '-아서'

'-으니까'와 '-아서'는 모두 이유나 원인, 근거를 나타내는 연결어미다.
그러나 '-으니까'와 비교해서 '-아서'는 청유문이나 명령문에서 쓸 수 없
고, 어미 '-았-', '-겠-' 뒤에 쓸 수 없다.

• 제가 다른 때보다 열심히 공부했으니까 좋은 결과를 기대하세요. (○)
• 제가 다른 때보다 열심히 공부했어서 좋은 결과를 기대하세요. (×)

• 시간이 없으니까 빨리 갑시다. (○)
• 시간이 없어서 빨리 갑시다. (×)

• 어린아이가 모르고 한 일이니까 한 번만 용서해 주세요. (○)
• 어린아이가 모르고 한 일이어서 한 번만 용서해 주세요. (×)

또한 '반갑다, 고맙다, 감사하다, 미안하다' 등과 함께 자주 쓰이는 인사
말 또는 자신의 감정이나 상황에 대한 이유를 나타내는 경우에는 '-으니
까'는 쓸 수 없고 '-아서'를 써야 한다.

• 만났으니까 반가워요. (×)
• 만나서 반가워요. (○)

- 초대해 주셨으니까 감사합니다. (×)
- 초대해 주셔서 감사합니다. (○)

- 배가 아프니까 어제 학교에 못 왔어요. (×)
- 배가 아파서 어제 학교에 못 왔어요. (○)

● '마저', '까지', '조차'

'마저'는 '까지'로 바꿔 쓸 수 있다. 단, 차이라면, '마저'가 부정적인 상황에서만 쓸 수 있는 데 반해, '까지'는 긍정적인 상황에서도 쓸 수 있다는 것이다.

- 추운데 바람마저 불었다. (○)
- 추운데 바람까지 불었다. (○)

- 철수는 공부도 잘하고 노래도 잘하는데 운동마저 잘한다. (×)
- 철수는 공부도 잘하고 노래도 잘하는데 운동까지 잘한다. (○)

'마저'는 '조차'와 바꿔 쓸 수 있는데, '조차'는 부정문에 더 잘 어울린다.

- 추운데 바람마저 불었다. (○)
- 추운데 바람조차 불었다. (×)

- 그 둘은 만나도 인사마저 안 한다. (○)
- 그 둘은 만나도 인사조차 안 한다. (○)

참고: 국립국어원(2005), 외국인을 위한 한국어 문법 2, 커뮤니케이션북스, 486쪽, 620쪽.

문법 항목 표시 어떻게 할까

한국어의 문법 항목을 어떻게 표시해야 할까? 이에 대한 답을 찾기 위해서는 먼저 다양한 꼴로 실현되는 문법 항목에 대한 이해와 더불어 학습자의 수준에 맞게 어떻게 제시하는 것이 효율적인가에 대한 교육적 고려가 필요하다.

동일한 기능을 하는 문법 항목이라도 다양한 꼴로 실현되는 몇 가지 예를 살펴보자. 한국어의 주격 조사 '이/가'의 경우, 형태는 두 가지이지만 그 기능은 같다. '을/를', '은/는', '와/과' 등도 모두 이에 해당하는 대표적인 예인데 앞말의 가장 끝 음절이 자음으로 끝나느냐 모음으로 끝나느냐(받침 유무)에 따라 선택되는 조사가 달라짐을 알 수 있다.

학생	+ 이	학생이	친구 + 가	친구가
	을	학생을	를	친구를
	은	학생은	는	친구는
	과	학생과	와	친구와

어미 중에서도 동일한 기능임에도 어떤 조건에 놓였는가에 따라 다른 꼴로 실현되는 것이 있다. 가령, '-서'는 어떤 용언에 이어지는가에 따라 '-아서', '-어서', '-여서'의 세 가지로 실현된다.

앉다	-아서	앉아서
좋다		좋아서
읽다	-어서	읽어서
하다	-여서	해서

어간의 가장 마지막 음절의 모음이 무엇인가가 중요하다. 먼저 어간의 마지막 음절의 모음이 'ㅏ', 'ㅗ'인 경우는 '-아서'가, 'ㅏ', 'ㅗ' 이외의 모음인 경우는 '-어서'가 결합한다. 단, '하다'로 끝나는 모든 용언은 '-여서'가 결합된다. 하지만 현대 국어에서는 '하여서'로 말하는 경우는 드물고 '해서'의 빈도가 훨씬 높기 때문에 한국어 교육에서는 '-여서'를 굳이 노출시키지 않고 '하다'는 '해서'가 된다고 직접적으로 알려 주는 경우가 많다.

어미 '-서'를 학습자에게 제시할 때 어떻게 표시할 것인가에 대해 다음의 몇 가지를 생각해 볼 필요가 있다.

① '-아서', '-어서', '-여서'의 세 가지 꼴을 한꺼번에 노출시킬 것인가, 대표형만 노출시킬 것인가?

② 만약 '-아서', '-어서', '-여서'의 세 가지 꼴을 한꺼번에 나열한다면 어떤 순서로 할 것인가?

③ '-여서'를 한국어 학습자에게 알려 줄 필요가 있는가?

④ 학습자의 수준에 따라 ①~③의 기준은 어떻게 달라져야 하는가?

실제로 한국어 교재에 '-서'가 제시된 꼴을 살펴보면 다양한 형식이 혼재되어 있다. 이것은 한국어를 배우는 학습자나 교사에게도 적지 않은 혼란을 가져올 수 있다. 그러므로 현장의 교사는 자신의 수업에서 어떤 기준을 적용하여 문법 항목을 표시할 것인가에 대한 일관된 원칙을 세워 둘 필요가 있다.

대표형	'-서' 또는 '-아서' 또는 '-어서'
나열형	'-아서/어서', '-아서/어서/여서', '-아서/어서/해서', '-아서, 어서, 해서'……
통합형	'-아/어서', '-어/아서', '-아/어/여서', '-아/어/해서'……

가령, 초급 한국어 학습자라면 실현되는 문법 항목의 모든 꼴을 구체적으로 보여 주는 '나열형'이 적합하고, 고급 수준의 학습자라면 '대표형'으로만 제시해도 큰 무리가 없을 것이다. 또한 나열형으로 제시하더라도 교수의 효율성을 고려하여 실현되는 문법 항목의 배열 순서를 결정하는 것이 좋다.

참고: 이윤진(2007), 한국어 교육 자료에서의 문법 항목 표시 방법 연구, 한국어교육 18-3, 167-193쪽.

08 삼 분과 세 분의 차이

숫자를 고유어로 읽을 때와 한자어로 읽을 때를 구분하라

(식당에서)

종업원: 모두 몇 분이세요?

외국인: 삼 분……

종업원: 삼 분 후에 오신다고요?

외국인: 우리 삼 분…… 아니 삼 사람……이에요.

종업원: 아, 세 분이시군요.

 다음 중 더 자연스러운 표현은 무엇일까요?

● 유치원생 민수가 엄마에게

엄마, 나 이제 (취침할게요 / 잘게요). 안녕히 주무세요.

● 신문 기사

휴가철을 맞아 해수욕장을 찾는 관광객이 (많이 늘었다 / 급증했다).

● 요즘은 휴대폰에 (카메라 / 사진기) 기능이 있어서 매우 편리하다.

🏠 중국인 무무와 일본인 링코 이야기

　　중국인 무무와 일본인 링코는 단짝이다. 같은 하숙집에 살면서 늘 한국어로 말하기 연습을 한다. 두 친구의 요즘 화두는 한국어에서 한자어 사용의 어려움에 대한 것이다.

　　한국어, 중국어, 일본어는 같은 한자라도 뜻이 다르거나 쓰이는 상황이 달라서 뜻하지 않은 실수를 하게 된다. 특히 한국어로 숫자 읽기는 '한, 두, 세, 네'와 같이 고유어로 읽는 방법과 '일, 이, 삼, 사'와 같이 한자어로 읽는 방법이 있어서 여간 혼동되는 것이 아니다.

　　무무와 링코, 같은 하숙집의 또 다른 친구 셋이서 식당에 갔을 때의 일이다. 종업원이 '모두 몇 분'이냐고 물었다. 무무는 당당하게 '삼 분'이라고 답했다. 그러자 종업원은 "네? 삼 분 후에 오신다고요?"라고 반문했다. "그게 아니고요, 우리는 모두 삼 사람이에요." 라고 링코가 고쳐 말하자, 종업원

은 "아 …… 네, 모두 세 분이요?"라며 이제야 이해한 듯 자리로 안내를 해 주었다. 한국어로 숫자 세기는 초급 단계에서 배웠지만 중급 수준이 된 지금도 여전히 헷갈린다.

🏛 다양한 방식의 숫자 세기 : 고유어, 한자어

한국어에서 숫자를 읽는 방법은 한자어 방식과 고유어 방식의 두 가지가 있는데 이 두 방식이 언제 어떻게 쓰이는지 구분해야 한다. 더불어 숫자 표현 뒤에 올 단위도 함께 기억해야 한다.

우선 시간 표현을 살펴보자. '1:05'을 읽을 때 우리는 '한 시 오 분'으로 읽지, '일 시 다섯 분'으로 말하지는 않는다. 즉, '시간' 단위는 고유어 방식인 '한, 두, 세, 네' 등으로, '분' 단위는 한자어 방식인 '일, 이, 삼, 사' 등으로 읽는 규칙이 있다. '초' 단위를 말할 때도 한자어 방식이다. 식당에서 중국인 무무가 '삼 분'이라고 말했을 때 종업원이 시간의 의미인 'three minutes'로 이해한 것도 이 때문이다.

1개: (한 개 / 일 개)

4시: (네 시 / 사 시)

5월: (다섯 월 / 오월)

두 번째로, 사람 수를 셀 때 일본인 링코가 '삼 사람'이라고 했더니 종업원이 그 실수를 이해하고 '세 분'으로 고쳐 말했다. 손님인 링코가 자신의 일행 수를 'three persons'로 말하고 싶다면 '세 명' 또는 '세 사람'으로 말하는 것이 맞다. 물론 종업원은 손님을 높여 불러야 하기 때문에 '세 분'으로 표현한 것이다.

2인분: (이 인분 / 둘 인분)

3사람: (삼 사람 / 세 사람)

7명: (일곱 명 / 칠 명)

👓 한국어의 단위 명사

한국어에서 단위를 나타낼 때 쓰는 말을 '단위 명사'라 한다. 단위 명사 중에는 고유어 숫자와 함께 쓰이는 것이 있는가 하면 한자어 숫자와 함께 쓰이는 것도 있다.

● 고유어 숫자(한, 두, 세, 네……)와 함께 쓰이는 단위 명사
갑, 개, 권, 그루, 달, 대, 마리, 번(횟수), 벌, 병, 부, 사람(명, 분), 살, 송이, 시, 시간, 자루, 잔, 장, 채, 켤레, 통……

● 한자어 숫자(일, 이, 삼, 사, ……)와 함께 쓰이는 단위 명사
개월, 년, 번(순서), 분, 원, 월, 인분, 일, 주일, 층, 호……

🏠 고유어, 한자어, 외래어

한국어의 어종에는 크게 고유어, 한자어, 외래어가 있다. 이러한 분류는 어휘의 기원, 즉 출신 성분이 어디인가에 따른 것이다.

먼저 '고유어'란 한국어의 어휘 중에서 본래부터 우리말에 있었던 어휘를 말한다. '한자어'란 한자로 표기되면서 한국 한자음으로 읽히는 것이다. 따라서 라조기(辣子鷄)와 같이 중국식 한자음으로 읽히는 것은 한자어가 아니

라 외래어에 포함된다. 끝으로 외국에서 들어와 국어 속에 자연스럽게 정착되어 사용되는 어휘를 '외래어'라고 한다.

다음의 어휘들을 고유어, 한자어, 외래어로 구분해 보자.

긍정적, 출입문, 라디오, 기다리다, 초콜릿, 하늘, 인터뷰, 매표소, 텔레비전, 푸르다, 키보드, 엄마, 버스, 소파, 등산, 리듬, 지하철, 학생, 외국인, 예쁘다, 스마트폰, 바꾸다, 피아노, 잔치, 끼니, 신문, 틈, 밥, 오빠, 손, 여름, 내년, 커피, 국어, 가구, 얼굴

고유어	한자어	외래어
기다리다, 하늘, 푸르다, 엄마, 예쁘다, 바꾸다, 잔치, 끼니, 틈, 밥, 오빠, 손, 여름, 얼굴	긍정적, 출입문, 매표소, 등산, 지하철, 학생, 외국인, 신문, 내년 국어, 가구	라디오, 초콜릿, 인터뷰, 텔레비전, 키보드, 버스, 소파, 리듬, 커피, 스마트폰, 피아노

같은 듯 다른 듯

다음은 비슷한 의미를 지닌 단어가 고유어, 한자어, 외래어 중 2가지 이상으로 쓰이는 예다. 실제 사용에 있어서 어떤 공통점과 차이점이 있는지 생각해 보자.

- 꽃밭 : 화단(花壇)
- 줄다 : 감소하다(減少하다)
- 자다 : 취침하다(就寢하다)
- 카메라(camera) : 사진기(寫眞機)
- 타투(tattoo) : 문신(文身)
- 와인(wine) : 포도주(葡萄酒)

 VS

레스토랑(restaurant)   식당(食堂)

이 단어들의 의미를 명확히 설명하기는 어렵더라도 어떤 상황에서 더 자주 쓰이는지를 생각해 보면 그 미묘한 차이를 발견할 수 있다. 엄마가 아기에게 "코 자자."라고는 해도 "코 취침하자."라고 말하는 일은 드물다. 불면증에 걸린 환자가 병원에 갔을 때 의사가 환자에게 "자는 시간이 얼마나 됩니까?"라고 하기보다는 "평소 취침 시간이 어느 정도 되십니까?"라고 묻는 일이 많을 것이다.

포도철에 좋은 포도를 사서 일반 가정에서 담가 먹는 술을 '포도주'라고는 하지만, '와인'이라고 말하기는 어렵다. 남녀 커플이 둘만의 기념일에 분위기 좋은 '레스토랑'에서 '와인'에 스테이크를 먹는 때도 있지만, 함께 등산을 갔다가 나물 반찬이 정갈하게 나오는 '식당'을 찾기도 한다.

최근 젊은 사람들 사이에 '타투'가 유행이어서 신체의 일부 중 자신이 좋아하는 곳에 타투를 하는 사람이 적지 않다. 하지만 전신에 '문신'을 하는 것과는 그 느낌이 다소 다르게 받아들여진다.

📖 상황과 의미에 맞는 단어 선택하기

국가 간에 물건이나 용역을 수출하고 수입하는 것처럼 언어 사이에도 서로 영향을 주고받는다. 그중 특히 어휘는 매우 빠른 속도로 새로운 언어 속으로 스며들어 간다. 한국어에서는 특히 한자어와 외래어의 영향을 무시할 수 없다.

따라서 한국어 학습자들도 한국어를 바르게 사용하기 위해서는 유사한 의미를 가지고 있는 고유어와 한자어, 그리고 외래어의 차이를 알아야 한다. 이를 위해 한국어 교사는 학습자들이 정확한 지시 대상을 적절한 상황에 맞게 잘 구별해서 어휘를 선택할 수 있도록 잘 안내해 주어야 한다.

한 걸음 더

고유어, 한자어, 외래어에 대해 더 깊이 공부하려면 다음의 논저를 참고할 수 있다.

강현화(2001), 한국어교육용 기초 한자어에 대한 기초 연구 -한국어 교재에 나타난 어휘를 바탕으로-, 한국어 교육 12-2, 53-70쪽.

김세중(2002), 한국어의 외래어, 한국어 연수 교재, 국립국어원.

박지영(2010), 한국어 학습자를 위한 외래어 어휘 연구: 의미 변이 및 생성을 중심으로, 한국어와 문화 8, 95-115쪽.

심재기 외(2011), 국어 어휘론 개설, 지식과 교양.

이정희 · 서진숙(2010), 효과적인 한국어 어휘 교육을 위한 자료 개발의 실제, 이중언어학 42, 195-218쪽.

홍윤기 · 서희정(2010), 한국어교육에서 고유어의 위상과 등급화 -고유어 용언을 중심으로-, 국어교육 132, 351-384쪽.

 다음 중 더 자연스러운 표현은 무엇일까요?

● 유치원생 민수가 엄마에게

엄마, 나 이제 (취침할게요 / 잘게요). 안녕히 주무세요.

➡ 어린이가 일상생활에서 쓰는 표현으로 '취침하다'보다는 '자다'가 더 자주 쓰입니다. 물론 일기장에 자신의 일과를 기록할 때는 '취침 시간'이 자연스럽습니다.

● 신문 기사

휴가철을 맞아 해수욕장을 찾는 관광객이 (많이 늘었다 / 급증했다).

➡ 격식체 문어의 대표적인 장르인 신문 기사의 경우 구어에서보다 한자어가 높은 빈도로 쓰입니다.

● 요즘은 휴대폰에 (카메라 / 사진기) 기능이 있어서 매우 편리하다.

→ 최근에는 한자어인 '사진기' 대신에 외래어인 '카메라'가 더 자주 쓰이고 있습니다. 비슷한 어휘라도 어느 한쪽이 언중의 관심을 덜 받으면서 그 지위를 잃는 경우가 있습니다. 물론 '사진기'를 사용해도 틀린 표현은 아닙니다.

유의 관계를 이루는 이종 어휘

이종(異種) 어휘란 어종이 다른 어휘다. 유의 관계를 이루는 이종 어휘들을 살펴보면, 각각은 다소의 의미상 차이가 존재하며 문맥에 따라 달리 쓰임을 알 수 있다.

> 천 원짜리 화폐가 문 (틈 / 간격 / 갭)에 끼었다.
> 그간 바빴는데 오랜만에 (틈 / 간격 / 갭)이 나서 친구를 만났다.
> 나는 친구가 눈치 채지 못하도록 일정한 (틈 / 간격 / 갭)을 두고 뒤따라갔다.
> 이상과 현실 사이의 (틈 / 간격 / 갭)이 크게 느껴진다.

'그간 바빴는데 오랜만에 틈이 나서 친구를 만났다.'에서 '틈' 대신에 '간격'이나 '갭'이 쓰일 수 없다. '갭'은 '의견, 능력, 속성 등의 차이'를 의미하면서 '세대 간의 갭', '이상과 현실 사이의 갭이 크게 느껴진다.' 등의 예에서 많이 쓰인다. 이들 예를 '간격'이나 '틈'으로 대체하여 쓸 경우 어감상의 차이를 갖게 된다.

참고: 심재기 외(2011), 국어 어휘론 개설, 지식과 교양, 60-67쪽.

09 발음은 같아도 뜻이 달라

어휘에도 생산성이 있다

한국어 교사가 된 지 3개월째에 접어든 K씨. 학생들이 하는 기발한 질문에 종종 당황한다. 오늘은 음식이라는 뜻의 '-식(食)'을 가르쳤더니……

 선생님, '한식'이 뭐예요?

 '한'은 '한국', '식'은 '음식'을 의미해요.
그러니까 '한식'은 '한국 음식'이에요.

 아, 그럼 '결혼식'에서 먹는 음식은 '결혼식'이에요?

 다음 중 맞다고 생각하는 것에 ✓ 표시를 해 보세요.

☐ 한국어에서 발음이 같은 단어는 의미도 모두 같다.

☐ 비한자권에서 온 외국인 학습자에게 한자어를 가르칠 필요는 없다.

☐ 한자어는 고유어보다 어렵기 때문에 고급 수준의 한국어 학습자에게만 가르쳐야 한다.

🏠 한국어 교육에서 한자어 교육

한국어의 어휘에는 크게 고유어, 한자어, 외래어가 있다. 이 가운데 한국어 어휘의 절반 이상을 차지하고 있는 것이 한자어인 만큼 한국어 어휘 교육에서 한자어의 비중은 매우 크다.

한자어는 일상생활에서도 자주 쓰이지만 한국어 수준이 높아질수록 더 많은 한자어에 노출된다. 특히 신문이나 뉴스를 통해 시사 정보를 얻기 위해서는 한자어에 대한 이해가 필수적이다.

한국어 교육에서 한자어 교육의 방향이나 내용을 결정할 때는 우선 학습자의 언어적 배경이 한자권인지 비한자권인지를 고려해야 한다. 한자권 학습자의 경우, 한글로만 설명하기보다는 해당하는 한자를 직접 노출시키는 것이 어휘 이해에 도움이 되기 때문이다. 이와 달리 한자에 대한 배경지식이 전혀 없는 비한자권 학습자를 대상으로 할 때는 한자 자체를 강조하거나 노출시키면 오히려 부담이 가중될 수 있다. 그러므로 '한자'를 가르치는 것보다는 '한자어'를 제시하는 것에 중점을 두어야 한다.

한자어 학습은 한국어 어휘력 신장에 많은 도움이 된다. 뜻글자인 한자에 생산성 있는 어휘소가 많기 때문이다. 한자어를 통해 어떻게 어휘를 확장시켜 나갈 수 있는지 살펴보자.

🏠 생산성 있는 어휘소로 어휘 확장하기

초등학교 교실에서 한국어 어휘 게임을 하는 중이다. '-실(室)'을 넣어 장소를 나타내는 단어를 먼저 만드는 사람이 점수를 획득한다. 교사가 학생에게 질문을 던진다.

 '실, 실, 실' 자로 끝나는 말은?

'–실(室)'과 같이 생산성 있는 어휘소를 가지고 어휘를 확장해 나가면 학습자의 흥미와 재미를 유도하면서도 한자어 학습에 효율성을 높일 수 있다.

한자 자체를 읽고 쓰는 연습 대신 한자가 본래 가진 뜻을 알려 주는 것이 한자어 교육의 기본 방향이 되어야 한다. 이렇게 하면 비한자권 학습자라도 한국어 어휘를 이해하고 표현하는 데에 도움이 된다.

예를 들어, 어떤 단어에 공통적으로 들어간 글자(어휘소)에 초점을 맞추어 한자어의 의미를 유추해 보도록 할 수 있다. 학습자에게 다음과 같이 학습자의 수준에 맞는 친숙한 어휘를 먼저 제시한 후 각 어휘에 공통적으로 들어간 글자의 의미를 짐작해 보도록 한다.

 '교실, 화장실, 강의실'처럼 '–실(室)'이 붙은 단어는 무엇일까요?

 사무실, 회의실, 실습실……

 '교실, 화장실, 사무실, 회의실, 실습실'에서 '–실'은 무슨 뜻일까요?

 장소? 곳?

 네, 맞아요. '–실'이 들어간 단어로 또 어떤 예가 있을까요?

실제로 학생들은 구체적인 예를 통해 귀납적으로 의미를 유추하기를 좋아하며, 쉽고 친숙한 예를 제시할수록 더 흥미를 느낀다. 교사가 제시한 단어 이외에도 학생들이 자신의 일상생활에서 접한 단어를 말할 기회를 주는 것도 좋다. '장소, 방, 공간'이라는 의미의 '-실(室)'이 들어간 단어를 떠올려 보는 기회를 통해 스스로 생산성 있는 한자어의 쓰임에 대해 발견하는 활동으로 이어 갈 수 있다.

조어력(造語力)을 이용하여 어휘를 폭넓게 확장해 나갈 수 있는 것은 한자어가 지닌 강점 중 하나다. '하지 않는다'는 의미의 '금(禁)', '지나치다'는 의미의 '과(過)', '~을 하는 사람'의 뜻을 지닌 '가(家)' 등은 실제 일상생활에서도 자주 쓰이는 대표적인 예다. 단어들의 의미적 연계성을 찾음으로써 학생들 스스로 학습의 성취감을 느낄 수 있도록 유도해 보자(한자어를 통한 어휘 확장의 다양한 예는 142~143쪽 참고).

금(禁): 하지 않는다　　　　**예** 금식, 금주, 금연

과(過): 지나치다　　　　　　**예** 과식, 과음, 과속, 과로

가(家): ~을 하는 사람　　　**예** 사업가, 정치가, 예술가, 소설가

🏛 독음이 같은 한자어, 의미도 같을까?

한국어 교육에서 한자어를 제시할 때 주의할 점은 비한자권 학습자들의 경우 독음(讀音)이 같은 한자어를 모두 동일한 의미로 오해할 수 있다는 것이다.

가령, 한식의 '식(食)'이 '음식(food)'

의 의미임을 배운 학습자가 응용력을 발휘하여 결혼식의 '식(式)'이 한식의 '식(食)'과 같은 의미인가에 대해 질문을 던지기도 한다. 이러한 현상은 학습자의 이해가 부족했거나 틀린 것이 아니라 도리어 한자어의 생산성을 잘 이해하고 있음을 보여 주는 바람직한 예다. 학습자가 자신의 배경지식 범위 안에서 배운 것을 최대한 활용하여 다양한 시도를 하면서 어휘를 논리적이고 창의적으로 확장해 가고 있다는 근거이기 때문이다. 학습자의 이러한 '유추' 과정은 교수자에게도 긍정적인 자극을 부여한다.

결혼식의 '식'이 어떤 의미인지를 학습자가 질문했다면 우선 해당 질문을 던진 학습자를 칭찬해 준다. 그리고 발음과 한글 맞춤법이 같다고 해서 한자어가 모두 같은 의미를 지니는 것이 아님을 알려 주는 절호의 기회를 놓치지 않기 위해 다음과 같은 질문을 던진다.

 '입학식, 졸업식, 수료식, 약혼식'에서 '식(式)'은 어떤 의미일까요?

이 질문을 계기로 결혼식의 '식'은 예식(ceremony)이라는 의미를 지니고 있음을 새롭게 알려 줄 수 있다. 이를 통해 학습자가 배운 '식(食)'과 '식(式)'의 독음은 같으나 그 의미에는 차이가 있음을 다시 한 번 강조하는 계기로 삼는다.

더 나아가 의미를 잘 구분하는지를 종합적으로 확인하기 위하여 다음과 같이 '-식'이 들어가는 단어를 무작위로 섞어 놓은 후에 같은 의미의 '-식'이 들어간 단어끼리 모아 보도록 하는 것도 좋은 방법이다.

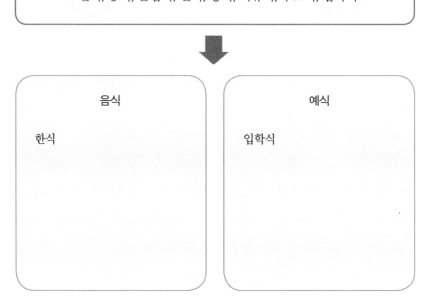

한식, 중식, 졸업식, 일식, 양식, 이유식, 수료식, 입학식

음식	예식
한식	입학식

🏠 하나의 한자어로 여러 단어 익히기

한국어 수업 시간에 외국인들을 대상으로 한 일(一), 두 이(二), 석 삼(三)을 외우게 할 필요는 없다. 그렇지만 한자어는 한국어 어휘 중 많은 부분을 차지하고 있을 뿐만 아니라 한자어 하나를 익힘으로써 다양한 어휘 확장이 가능하므로 한국어 수업 중에 반드시 다뤄야 한다.

'회사(會社)'의 '회(會)'가 '모임'의 뜻이라는 것을 안 후에 '동창회, 동문회, 송별회, 환영회, 연주회, 전시회'와 같은 단어를 처음 접하게 될 때 '모임'과 관련이 있는 단어임을 느끼는 것, 이것이 한국어 수업에서 기대하는 한자어 교육의 효과다.

가끔은 일본 음식 '회'도 모임과 관련이 있냐는 질문을 받게 될지도 모른다. 하지만 이런 시행착오를 거치는 동안 학습자의 어휘력은 눈에 띄게 늘고 있으니 이 또한 반가운 일이다.

한 걸음 더

한자어를 중심으로 한 한국어 어휘 교육에 대해 더 깊이 공부하려면 다음의 논저를 참고할 수 있다.

강현화(2001), 한국어교육용 기초 한자어에 대한 기초 연구 -한국어 교재에 나타난 어휘를 바탕으로-, 한국어 교육 12-2, 53-70쪽.

김대희(2013), 한국어 교육에서의 한자, 한자어 교육의 위상 정립과 방안 연구의 필요성 -언어 이론을 중심으로-, 漢字 漢文敎育 32, 5-24쪽.

박세진(2014), 외국인을 위한 한국어교육에서 한자·한자어교육의 현황과 문제점 -하와이대학교 사례를 중심으로-, 漢文古典硏究 28, 375-405쪽.

이영희(2007), 한국어 한자어 어휘 교육을 위한 조어력 조사, 한국어와 문화 2, 43-64쪽.

✔ 한자어 교육은 한국어 어휘력을 키우는 데 유용하다.

✔ 한자어에 대한 접근은 학습자의 수준에서 쉽고 친숙한 어휘
로부터 시작하라.

✔ 어휘 학습의 과정에서 '유추'는 매우 중요하다.

생각해 보기 확인

다음 중 맞다고 생각하는 것에 ✔표시를 해 보세요.

☐ 한국어에서 발음이 같은 단어는 의미도 모두 같다.

➡ 틀려요. 발음이 같다고 해서 의미가 모두 같은 것은 아닙니다. 일
상생활에서 자주 쓰이는 동음이의어에는 어떤 것이 있는지 주의 깊
게 살펴봅시다.

☐ 비한자권에서 온 외국인 학습자에게 한자어를 가르칠 필요는
없다.

➡ 틀려요. 한자를 직접 가르치지는 않더라도 한자어에 대한 설명을
해 줌으로써 비한자권 학습자들의 어휘 학습에 도움을 줄 수 있습니다.

☐ 한자어는 고유어보다 어렵기 때문에 고급 수준의 한국어 학습
자에게만 가르쳐야 한다.

➜ 틀려요. 일상생활에서 자주 쓰이는 한자어는 초·중급 수준 학습
자의 어휘 능력 향상에도 효과가 있습니다.

한자어를 통한 어휘 확장 사례

무(無)□□	무승부, 무관심, 무의미	□□증(症)	건망증, 궁금증, 불면증
생(生)□□	생고기, 생새우, 생이별	□□감(感)	책임감, 부담감, 친근감
총(總)□□	총수입, 총감독, 총결산	□□심(心)	호기심, 경쟁심, 동정심
정(正)□□	정중앙, 정반대, 정반사	□□성(性)	중요성, 가능성, 인간성
장(長)□□	장거리, 장시간, 장기간	□□관(觀)	인생관, 가치관, 세계관
대(大)□□	대가족, 대성공, 대청소	□□복(服)	체육복, 운동복, 수영복
소(小)□□	소규모, 소극장, 소시민	□□회(會)	바자회, 운동회, 연주회
고(高)□□	고학력, 고물가, 고득점	□□물(物)	건축물, 농산물, 불순물
저(低)□□	저학년, 저체중, 저소득	□□품(品)	기념품, 소장품, 화장품
재(再)□□	재활용, 재검토, 재입학	□□기(機)	승강기, 세탁기, 주사기
신(新)□□	신제품, 신기록, 신세계	□□증(證)	자격증, 학생증, 영수증
구(舊)□□	구세대, 구제도, 구시대	□□지(紙)	시험지, 설문지, 신문지
비(非)□□	비폭력, 비현실, 비영리	□□가(歌)	유행가, 자장가, 찬송가
미(未)□□	미성숙, 미확인, 미개척	□□교(敎)	천주교, 기독교, 힌두교
초(超)□□	초자연, 초능력, 초대형	□□제(劑)	소화제, 진통제, 마취제
최(最)□□	최우선, 최고급, 최전방	□□형(型)	이상형, 최신형, 기본형
초(初)□□	초가을, 초겨울, 초여름	□□풍(風)	복고풍, 현대풍, 가요풍
□□력(力)	생산력, 노동력, 경쟁력	□□통(通)	소식통, 정보통, 외교통
□□어(語)	한국어, 표준어, 외국어	□□용(用)	교육용, 사무용, 연습용
□□국(國)	선진국, 독립국, 강대국	□□식(式)	계단식, 주관식, 서구식
□□비(費)	교통비, 생활비, 관리비	□□계(系)	인문계, 이공계, 예술계
□□료(料)	수업료, 입장료, 관람료	□□계(計)	체온계, 온도계, 습도계
□□금(金)	등록금, 장학금, 상여금	□□술(術)	건축술, 최면술, 사격술
□□인(人)	연예인, 방송인, 정치인	□□업(業)	관광업, 목축업, 해운업
□□가(家)	성악가, 건축가, 사업가	□□전(戰)	결승전, 후반전, 선발전
□□사(師)	조종사, 요리사, 변호사	□□식(式)	입학식, 졸업식, 수료식
□□자(者)	과학자, 기술자, 성직자	□□석(席)	경로석, 관람석, 내빈석

□□관(官)	외교관, 면접관, 경찰관	□□장(狀)	초대장, 청첩장, 안내장
□□원(員)	안내원, 회사원, 공무원	□□관(館)	도서관, 체육관, 전시관
□□객(客)	관광객, 방청객, 관람객	□□구(口)	출입구, 비상구, 개찰구
□□민(民)	유목민, 이재민, 수재민	□□사(社)	여행사, 출판사, 계열사
□□수(手)	공격수, 수비수, 내야수	□□국(局)	방송국, 우체국, 편집국
□□공(工)	숙련공, 수리공, 기능공	□□지(紙)	일간지, 월간지, 여성지
□□족(族)	한민족, 여진족, 폭주족		

🔟 우리는 단짝 어휘

어휘에는 고정적으로 함께 쓰이는 덩어리 표현이 있다

외국인을 대상으로 한 한국어 어휘 실력 겨루기에서 최종 우승자가 된 L씨를 인터뷰했다.

사회자: 한국어 어휘 실력이 어떻게 그렇게 좋으세요? 어휘 공부 비법을 소개해 주실 수 있으세요?

L씨: 저는 어휘를 하나하나 따로 외우지 않아요. 어휘가 어떤 어휘와 함께 쓰이는지에 대해서도 기억하려고 노력해요.

다음 중 맞다고 생각하는 것에 ✔ 표시를 해 보세요.

☐ 어휘에는 고정적으로 함께 쓰이는 덩어리 표현이 있다.

☐ 모든 관용 표현에는 비유나 풍자, 교훈적인 의미가 담겨 있다.

☐ 개별 어휘를 각각 공부하는 것보다 함께 쓰이는 어휘들을 알아 두는 것이 어휘 실력 향상에 도움이 된다.

🏛 어휘력이 좋아지려면

어휘와 문법 중에서 무엇이 더 중요할까? 정답을 말하기는 어렵지만, 기본적인 소통을 위해 어느 한 가지만 택해야 한다면 어휘가 아닐까? 문법은 의미를 담는 그릇과 같은 역할을 하므로 문법 지식만으로는 의사소통이 전혀 이루어지지 않는다. 이와 달리 몇 개의 어휘만으로도 아주 기초적인 수준의 소통이 가능하다.

하지만 개별 어휘를 단순히 암기하는 것만으로 이상적인 어휘력 향상과 원활한 의사소통을 기대하기는 어렵다. 외국어의 새로운 어휘를 기본적인 뜻풀이를 중심으로 하루에 10개씩 암기한다고 해도 정작 그것을 어떤 상황에서 어떻게 써야 할지에 대해 모른다면 진정으로 그 어휘를 안다고 할 수 없다.

어떤 어휘가 특정한 어휘와 함께 자주 쓰인다는 것, 둘 이상의 어휘가 함께 쓰일 때 새로운 의미가 나타난다는 것, 특별한 의미로 쓰이는 고정적인 덩어리 표현이 있다는 것에 대한 정보를 풍부하게 알고 있다면 어휘를 더욱 적절하고 다양하게 사용할 수 있을 것이다. 이와 관련하여 한국어 어휘를 배우고 가르칠 때 알아 두어야 할 몇 가지 주요 내용을 살펴보자.

🏛 자주 함께 쓰이는 어휘 이해하기: 어휘에도 단짝이 있다

언어학자에게 사전에 부탁을 받고 어떤 연구의 피실험자가 되었다고 가정해 보자. 실험은 아주 간단하다. 다음 괄호에 들어갈 표현으로 가장 먼저 생각나는 것을 재빨리 적는 것이다. 그럼 시작해 볼까?

감기에 (   )   냄새를 (   )

그림을 (   )   손뼉을 (   )

배가 (   )   살이 (   )

싫증이 (   )   초인종(벨)을 (   )

깜짝 (   )   새빨간 (   )

이 실험에 한국인 100명이 참여했다고 가정하자. 해당 연구자는 실험 결과를 분석한 후에 놀라운 사실을 발견하게 될 것이다. 대부분의 참여자가 쓴 응답이 일치한다는 점에서 말이다. 여러분도 그중의 한 명인지 다음의 내용을 확인해 보자.

감기에 (걸리다)   냄새를 (맡다)

그림을 (그리다)   손뼉을 (치다)

배가 (고프다 / 아프다)   살이 (찌다 / 빠지다)

싫증이 (나다)   초인종(벨)을 (누르다 / 울리다)

깜짝 (놀라다)   새빨간 (거짓말)

물론 이러한 응답 이외에 다른 표현을 쓴 사람도 있을 것이다. 그럼에도 대부분의 피실험자가 쓴 응답이 일치하는 것은 무슨 까닭일까? 바로 어휘의 공기(共起) 관계가 그 열쇠다. 우리가 무심코 쓰는 어휘들 중에는 늘 혹은 매우 자주 서로 짝을 지어 함께 쓰이는 관계가 있다. 이처럼 두 개 이상

의 어휘가 결합하여 의미적으로 하나의 단위를 이루는 표현을 '연어(連語)'
라고 한다. 한국어 교사는 한국인이 일상생활에서 자주 쓰는 연어에 어떤
것이 있는지, 수준별로 제시해야 할 한국어 연어 목록은 무엇인지를 정리해
둘 필요가 있다(연어 목록은 154~157쪽을 참고할 것).

🏛 관용 표현 이해하기: 국수 언제 먹여 줄 거예요

마트에는 하나를 사면 하나를 더 주는 '1+1' 행사가 있다. 어휘에도 '1+1'
이 있다. 그런데 어휘의 '1+1'은 본래의 것에서 없던 뜻이 새롭게 생긴다는
점에서 마트의 '1+1'과 다르다.

한국어에 '국수를 먹다'라는 표현이 있다. '국수'는 '밀가루나 쌀가루로
만든 가늘고 긴 면'이고, '먹다'는 '입으로 씹거나 하여 배 속으로 들여보
내는 동작'을 가리킨다. 흥미로운 것은 두 어휘를 함께 써서 '국수를 먹다'

라고 하면 맥락에 따라 전혀 새로운 의미가 되기도 한다는 점이다. 실제로 국수를 먹는 구체적인 동작 이외에 '결혼하다'라는 또 다른 의미를 갖는다.

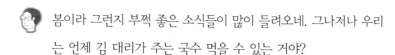

> 봄이라 그런지 부쩍 좋은 소식들이 많이 들려오네. 그나저나 우리는 언제 김 대리가 주는 국수 먹을 수 있는 거야?
>
> 글쎄요……. 저도 빨리 그렇게 되면 좋겠어요.

앞의 대화 상황은 한국 문화가 반영된 것이다. 전통적으로 결혼식에서 국수를 하객들에게 대접하는 것은 국수처럼 긴 인연이 오래도록 이어지고 장수하라는 의미를 지닌다.

외국인 학습자들에게는 한 가지 의문이 생길 수도 있다. 실제 한국어로 대화를 할 때, '국수를 먹다'의 두 가지 뜻인 '국수를 먹는 행위'와 '결혼하다' 중에서 어떤 의미로 쓰였는지 어떻게 알 수 있을까?

> 오늘 점심으로 뭘 먹지? 오랜만에 따뜻한 국수가 생각나는데……
> 우리 오늘 국수 먹을까?
>
> 응, 좋아.

같은 표현이라도 '대화하는 사람', '대화 내용', '대화 상황'이라는 힌트가 숨어 있기 때문에 앞의 대화에서 '국수를 먹다'가 '국수를 먹는 행위'임을 쉽게 알아차릴 수 있다.

이 외에 한국인이 자주 쓰는 관용 표현에는 어떤 것이 있을까? 한국인이 어떤 상황에서 누구와 무엇에 대하여 대화를 나눌 때 다음과 같은 표현을 쓰는지 생각해 보자(한국어의 관용 표현 목록은 158~162쪽 참고).

눈을 감다.　　　= 죽다.

발이 넓다.　　　= 아는 사람이 많다.

미역국(을) 먹다.　= 시험에서 떨어지다.

손을 잡다.　　　= 협력하다.

입이 무겁다.　　= 비밀을 잘 지키다.

김칫국 마시다.　= 줄 사람은 생각도 하지 않는데 섣부른 기대를 하다.

🏠 속담 표현 이해하기: 구렁이 담 넘어가듯 한다

여러분은 우리말 퀴즈 프로그램 참가자 중 한 사람이다. 사회자가 제시한 내용을 듣고 그 다음에 자연스럽게 이어질 말을 재빨리 말해야 한다. 다음의 표현을 얼마나 빨리 완성할 수 있는지 도전해 보도록 하자.

콩 심은 데 콩 나고

가는 말이 고와야

낮말은 새가 듣고

윗물이 맑아야

개구리 올챙이 적

혹시 조금의 주저함도 없이 속담을 완성했는가? 아니면 몇 초간 뜸은 들였지만 제대로 완성했는가? 앞서 살핀 관용 표현과 마찬가지로 속담도 그 형식이 고정되어 있는 점이 특징이다. 속담은 예부터 전해 오는 표현이기 때문에 요즘 상황과 어울리지 않는 상황이나 사물이 자주 등장하기도 한다. 그럼에도 우리는 아무런 거부감 없이 속담을 고정된 표현 그대로 통째로 이해하고 사용한다.

한국인이라면 '구렁이 담 넘어가듯이 한다'라는 속담을 듣고 그 속뜻을 쉽게 떠올린다. 정작 구렁이가 어떻게 담을 넘어가는지를 실제로 본 적이 있느냐고 물으면 그렇다고 답할 사람은 드물 것이다. 그럼에도 불구하고 우리는 '분명하게 처리하지 않고 남이 모르는 사이에 슬그머니 얼버무리려고 하는' 모습을 보고 구렁이의 동작에 빗대어 말하는 속담 표현을 자연스럽게 쓴다.

우리는 속담 표현을 언제부터 썼을까? 속담은 누가 만들었을까? 속담에는 비유나 풍자, 교훈적인 의미를 담은 것이 많다. 직설적으로 드러내어 말하지 않고 웃으면서 무언가에 빗대어 꼬집기도 하고, 그 말을 듣고서 곱씹어 생각해 보면 깨달을 수 있는 교훈적인 내용도 있다. 이를테면 '개구리 올챙이 적 생각 못 한다', '윗물이 맑아야 아랫물이 맑다'와 같은 속담을 들으면 상대방이 자신에게 조언하고자 하는 것이 무엇인지를 알아차릴 수 있다.

속담 사용에서 유의할 점은, 속담이 예부터 내려오는 고정된 언어 표현이기 때문에 자칫 화자의 연령이나 상황에 맞지 않게 쓰면 어색한 경우가 있다는 것이다. 가령, 혼자 옷을 입을 수 있느냐고 묻는 엄마에게 네 살짜리 아이가 "누워서 떡 먹기야."라고 말하는 것은 흔치 않을 것이다. 또한 매우 공식적인 회의 장소에서 사회자가 청중을 향해 "누워서 떡 먹기입니다."라는 표현을 사용하는 일도 드물 것이다.

속담을 맥락에 맞게 바르게 사용하는 것은 외국인에게 결코 쉬운 일이 아니다. 따라서 한국어 교육에서 속담을 가르칠 때는 '이해 교육'에 중점을 두되, 일상생활에서 자주 쓰이는 속담에 한하여 학습자가 스스로 표현할 수 있는 능력으로 내재화하도록 유도하는 것이 좋겠다(한국어의 대표적인 속담 목록은 163~166쪽 참고).

🏛 연어, 관용 표현, 속담

'연어', '관용 표현', '속담'은 두 개 이상의 어휘가 고정적으로 혹은 아주 빈번하게 함께 쓰이는 표현이라는 점에서 공통점이 있다. 따라서 한국어를 배우거나 가르칠 때 한국어의 개별 어휘를 각각 공부하는 것보다 함께 쓰이는 어휘들을 익히는 것이 중요하다는 점을 명심할 필요가 있다.

한 걸음 더

대표적인 덩어리 표현인 연어, 관용 표현, 속담에 대해 더 상세히 알아보려면 다음의 논저를 참고할 수 있다.

서상규(2002), 한국어 정보 처리와 연어 정보, 국어학 39, 321-360쪽.
임은하(2013), 속담 사용 능력 향상을 위한 속담 지도 방안 연구, 외국어로서의 한국어 교육 39, 247-276쪽.
전혜영(2001), 한국어 관용표현의 교육 방안, 한국어 교육 12-2, 181-199쪽.
최권진(2008), 속담을 활용한 한국어교재 개발의 실제, 국어교육연구 21, 247-278쪽.
한송화 · 강현화(2004), 연어를 이용한 어휘 교육 방안 연구, 한국어 교육 15-3, 295-318쪽.

✔ 어휘에는 고정적으로 함께 쓰이는 덩어리 표현이 있다. '연어', '관용 표현', '속담'이 그 대표적인 예다.

✔ 속담에는 비유나 풍자, 교훈적인 의미가 담겨 있다.

✔ 고정적으로 함께 쓰이는 어휘들을 알아 두면 어휘 실력 향상에 도움이 된다.

 다음 중 맞다고 생각하는 것에 ✔표시를 해 보세요.

☑ 어휘에는 고정적으로 함께 쓰이는 덩어리 표현이 있다.

➡ 맞아요. 대표적으로 연어, 속담, 관용 표현이 있습니다.

☐ 모든 관용 표현에는 비유나 풍자, 교훈적인 의미가 담겨 있다.

➡ 틀려요. 비유나 풍자, 교훈적인 의미가 담겨 있는 것은 속담입니다.

☑ 개별 어휘를 각각 공부하는 것보다 함께 쓰이는 어휘들을 알아 두는 것이 어휘 실력 향상에 도움이 된다.

➡ 맞아요. 효율적인 어휘 학습을 위해서는 덩어리 표현을 알아 두는 것이 좋습니다.

참고

한국어의 연어

다음은 한국어의 연어 사례를 정리한 것이다. 연어는 두 개 이상의 어휘가 매우 자주 함께 쓰여 하나의 단위를 이루는 것이므로 한국어 교육에서 매우 유용하다. 다음의 목록은 다양한 방법으로 활용할 수 있다. ① 좌측의 표현을 먼저 제시한 후 빈곳에 어떤 낱말이 들어갈지 맞혀 보기 ② 오른쪽의 낱말 이외에 부적절한 사례를 추가한 후 연어 구성이 성립되지 않는 문항을 알아맞히기 ③ 우측의 사례를 제시한 후 그 앞이나 뒤에 적절한 표현을 넣어 연어를 만들어 보기 등이 대표적이다.

연어 사례	빈칸에 어울리는 표현
을/를 주고받다	인사, 농담, 선물
을/를 되돌아보다	자신, 과거, 시간, 인생
을/를 익히다	고기, 김치, 얼굴, 기술
이/가 바르다	예의, 자세, 생각, 행실
을/를 바르다	로션, 생선, 벽지, 침
을/를 나누다	대화, 인사, 기쁨, 숫자
을/를 받다	전화, 선물, 주목, 충격
을/를 이루다	꿈, 뜻, 조화, 가정
을/를 감상하다	음악, 영화, 경치, 작품
을/를 담다	반찬, 마음, 정성
에 젖다	비, 추억, 감회, 습관, 슬픔
소문이	나다, 퍼지다, 자자하다
기록을	남기다, 세우다, 내다, 깨뜨리다
고개를	끄덕이다, 떨구다, 갸웃거리다
가슴에	간직하다, 새기다, 그리다

가슴이	답답하다, 철렁하다, 뭉클하다, 벅차다
꼬리를	감추다, 내리다, 밟다
눈이	부시다, 돌아가다, 멀다, 높다
하늘이	무너지다, 노랗다, 캄캄하다
속이	시원하다, 풀리다, 타다
책임을	묻다, 지다, 회피하다
습관이	들다, 생기다, 배다
영향을	주다, 끼치다, 미치다, 받다
아기가 재롱을	피우다, 떨다, 부리다
풍년이	들다, 나다, 되다
풍선을	띄우다, 날리다, 불다, 터뜨리다
잠이	깨다, 들다, 오다, 많다
돈을	쓰다, 벌다, 갚다, 내다
스트레스를	풀다, 받다, 주다, 잊다
눈을	뜨다, 감다, 흘기다, 맞추다
깊은 에 빠지다	생각, 사랑, 슬픔, 잠
을/를 부르다	노래, 이름, 만세, 친구
을/를 가다듬다	정신, 마음, 머리, 목청
을/를 잇다	선, 말, 대, 가문
이/가 들다	힘, 돈, 맛, 철, 물
을/를 치다	박수, 소리, 장난, 가슴
을/를 깎다	가격, 머리, 과일, 점수
을/를 싸다	오줌, 선물, 가방, 쌈
이/가 가다	시간, 계절, 짐작, 공감
이/가 떠오르다	태양, 생각, 풍선, 추억
이/가 통하다	마음, 바람, 공기, 전기
을/를 실천하다	계획, 정책, 이상, 정의
을/를 알아보다	얼굴, 날씨, 정답, 형체

░░░ 을/를 활용하다	시간, 인재, 여가, 공간
░░░ 이/가 무겁다	가방, 마음, 발걸음, 형벌
░░░ 을/를 맞추다	시간, 호흡, 장단, 비위
░░░ 을/를 세우다	계획, 기둥, 체면, 예산
░░░ 을/를 붙이다	우표, 그림, 조건, 단서
░░░ 을/를 관찰하다	곤충, 우주, 변화, 현상
░░░ 을/를 일으키다	전쟁, 말썽, 물의, 돌풍
░░░ 을/를 끼치다	걱정, 영향, 신세, 염려
░░░ 을/를 벌이다	싸움, 시위, 접전, 투쟁
░░░ 을/를 떨다	수다, 애교, 허풍, 너스레
░░░ 을/를 입다	바지, 손해, 상처, 피해
░░░ 을/를 이해하다	문제, 상대, 단어, 개념
░░░ 을/를 예방하다	사고, 화재, 질병, 재해
░░░ 을/를 알리다	소식, 상황, 출발, 성과
░░░ 을/를 맺다	열매, 결론, 동맹, 인연
░░░ 을/를 밝히다	이름, 촛불, 신분, 포부
░░░ 을/를 울리다	심금, 종, 마음, 아기
░░░ 을/를 부여하다	의미, 권한, 임무, 동기
░░░ 을/를 기르다	동물, 자식, 화초, 안목
░░░ 에 참여하다	모임, 대회, 회의, 선거
░░░ 에 빠지다	착각, 함정, 사랑, 혼수상태
넋을 ░░░	놓다, 잃다
귀가 ░░░	따갑다, 얇다, 어둡다
기가 ░░░	죽다, 차다, 살다, 막히다
금메달을 ░░░	획득하다, 따다, 수여하다
눈에 ░░░	거슬리다, 익다, 띄다, 들다
배포가 ░░░	크다, 없다, 두둑하다
수모를 ░░░	당하다, 입다, 느끼다

신경이		쓰이다, 예민하다, 무디다
명성을		날리다, 얻다, 잃다
자신의 입지를		굳히다, 세우다, 강화하다
낯을		가리다, 붉히다, 세우다, 깎이다
애를		먹이다, 쓰다, 태우다
	이/가 나다	생각, 시간, 냄새, 눈물, 실감
	을/를 기울이다	귀, 주의, 고개, 심혈
	을/를 흘리다	땀, 눈물, 웃음, 정보
	을/를 차리다	밥상, 정신, 예의, 회사
	을/를 부리다	요술, 엄살, 꾀병, 투정
	을/를 짓다	농사, 표정, 매듭, 밥
	을/를 먹다	밥, 욕, 더위, 뇌물, 골탕
	을/를 걸다	전화, 기대, 목숨, 시동
	을/를 타다	버스, 스키, 추위, 분위기
	에 두다	염두, 마음, 교실, 눈앞
	을/를 빚다	송편, 만두, 도자기, 마찰, 혼선, 논란
	이/가 서다	결심, 판단, 계획, 논리
	을/를 지키다	약속, 법규, 침묵, 비밀
	이/가 기울다	마음, 가세, 승부, 경제
	이/가 발생하다	사고, 화재, 지진, 내란
	이/가 발달하다	지능, 기술, 공업, 문명
	을/를 잡히다	꼬리, 약점, 꼬투리, 담보
	을/를 선언하다	공약, 독립, 출마, 결별
	이/가 오르다	물가, 점수, 기온, 실적
	이/가 어긋나다	시간, 방향, 관계, 계획

.참고

한국어의 관용 표현

다음은 한국어 관용 표현의 사례를 정리한 것이다. 관용 표현은 두 개 이상의 어휘가 형태적으로 고정되어 함께 쓰이면서 본래의 어휘적 의미가 아닌 또 다른 의미로 쓰인다는 점이 특징이다. 관용 표현에는 비유적인 표현이 적지 않으므로, 한국어 수준이 높아질수록 듣기, 읽기와 같은 이해 교육의 차원에서 관용 표현을 충분히 다루는 것이 좋다. 다음의 목록은 ① 예시를 섞어 놓은 후, 관용 표현과 그 의미를 바르게 연결하기 ② 주어진 보기 중에서 관용 표현의 빈칸에 들어갈 단어를 선택하기 ③ 빈칸을 채워 관용 표현을 완성하기 ④ 관용 표현을 활용한 문장 만들기 ⑤ 의미를 제시하고 해당하는 관용 표현을 말해 보기와 같이 다양한 방법으로 활용할 수 있다.

의미	관용 표현 사례	보기
매우 드물게	가물에 나듯	쌀, 조, 콩, 밀
정직하게 말하다.	가슴에 을/를 얹고 말하다	발, 손, 책, 서류
겁이 나서 몹시 두려워지다.	이/가 콩알만해지다	간, 심장, 위장, 눈
안심하다.	가슴을	두드리다, 새기다, 쓸어내리다
매우 느린 걸음 또는 느리게 진행되는 일	걸음	걸음마, 거북이, 달팽이, 소
속에 있는 생각을 겉으로 나타내지 않는 사람	먹은 벙어리	꿀, 김치, 시치미, 시금치
정신 상태가 해이하다.	나사가	조이다, 풀리다, 단단하다, 꼬이다
상대의 결점을 포착하다.	을/를 잡다	꼬투리, 뒤통수, 등골, 뒤꿈치

섭을 넘어 아무 말도 못 하다.	소리도 못하다	헉, 음, 아, 끽
상대편과 관련을 짓기 위하여 중간에 다른 사람을 넣다 (소개하다).	다리를	뻗다, 놓다, 세우다, 닦다
맥이 풀어져 힘을 못 쓰고 늘어지다.	이/가 되다	파초, 그림자, 귀신, 녹초
정확하게 이유를 밝히다.	말하다	꼬집어, 집어서, 청산유수로, 철저히
전혀 생각하지도 않다.	못 꾸다	희망도, 소망도, 꿈도, 원망도
기억에 생생하다.	눈앞에	지우다, 선하다, 사라지다, 나오다
어찌할 바를 몰라 절망적인 생각이 들다.	눈앞이	캄캄하다, 밝다, 빛나다, 뜨겁다
남의 미움을 받다.	을/를 받다	핑계, 위로, 눈총, 질투
뜻밖에 좋은 수가 생기다.	잡다	땅, 한줌, 땡, 획
남의 말에 호응하거나 동의하다.	을/를 치다	등, 맞장구, 어깨, 머리
함께 의논하다.	머리를	맞서다, 맞물리다, 맞들다, 맞대다
사람이 많이 모여서 성황이다.	발을 틈이 없다	디딜, 넣을, 담글, 누를
자신과 관련된 일이 아니라고 하다.	하다	발뺌, 시치미, 핑계, 소리
간절히 애원하다.	손이 발이 되도록	운동하다, 빌다, 움직이다, 바꾸다
쉬지 않고 계속하다.	을/를 가리지 않다	비용, 시기, 밤낮, 시간
많은 사람이 모여 떠들썩하고 부산스럽게 굴다.	야단법석을	만들다, 굴다, 떨다, 먹다
미리 하지 않고 많은 일을 한꺼번에 몰아서 하기	치기	천둥, 벼락, 바위, 하늘
언제 어느 때나	이/가 오나 눈이 오나	비, 천둥, 번개, 눈

남을 지나치게 칭찬하거나 치켜세우다.	░░░ 을/를 태우다	비행기, 배, 유람선, 자전거
매우 겁먹다.	░░░ 질리다	새빨갛게, 새까맣게, 샛노랗게, 새파랗게
불안, 초조, 걱정 때문에 마음을 졸이다.	속이 ░░░ 타다	새까맣게, 새파랗게, 새빨갛게, 샛노랗게
상대가 예상 밖의 일을 하려고 하거나 했을 때 이르는 말	░░░ 에서 해가 뜨겠다	동쪽, 오른쪽, 서쪽, 저쪽
이제까지 관계하던 일을 그만두다.	손을 ░░░	치다, 떼다, 두다, 열다
생각이나 행동이 서로 일치하다.	░░░ 이/가 맞다	손발, 머리, 얼굴, 방향
모르는 체하고 딴청을 부리다.	시치미를 ░░░	때리다, 떼다, 구하다, 주다
아는 것을 모른다고 하거나 한 것을 아니라고 하다.	░░░ 잡아떼다	딱, 떡, 뚝, 툭
본심을 드러내다.	░░░ 을/를 벗다	화장, 얼굴, 가면, 장갑
매우 놀라서 섬뜩하다.	간담이 ░░░	시원하다, 차갑다, 서늘하다, 놀라다
어떻게 해야 할지 헷갈리다.	░░░ 을/를 못 잡다	갈피, 각도, 입장, 생각
기대가 크고 희망에 넘치다.	가슴이 ░░░	가라앉다, 부풀다, 새기다, 터지다
통절한 원한이나 근심 따위가 마음에 뭉쳐 있다.	가슴에 ░░░	아프다, 와 닿다, 달리다, 맺히다
쓸데없는 걱정을 하다.	걱정도 ░░░ 다	팔자, 쓰레기, 소비, 운명이
형식만 그럴 듯하다.	겉만 ░░░ 하다	반짝반짝, 거대, 족, 번지르르
주의를 기울여야 할 곳이 아닌 데에 신경을 쓰다.	░░░ 을/를 하다	고갯짓, 고자질, 곁눈질, 곁보기
창피해하다.	░░░ 을/를 못 들다	양손, 고개, 두팔, 어깨

좋지 못한 상태로 납히 떨어지다.	곤두박질을	치다, 앉다, 되다, 먹다
여러 번 들어 지겹게 되다.	귀가	들리다, 닳다, 가렵다, 돋다
눈치로 알아차릴 수 있도록 미리 일깨워 주는 것	을/를 하다	눈치, 비밀, 귓속말, 귀띔
근심이 있다.	이/가 지다	태양, 그늘, 하루, 응달
남의 말을 잘 듣지 못한다.	귀가	아프다, 따갑다, 어둡다, 까맣다
믿기 어려운 이야기를 들어 잘못 들은 것이 아닌가 생각하다.	귀를	의심하다, 기울이다, 쫑긋하다, 돌리다
잊어버리기를 잘하다.	고기를 먹었다	까치, 비둘기, 까마귀, 참새
매우 오붓하고 아기자기하며 재미가 나다.	깨가	떨어지다, 나오다, 흩어지다, 쏟아지다
계속 이어서 나타나다.	꼬리에 꼬리를	물다, 내리다, 붙이다, 달다
달아나다.	꽁무니를	하다, 빼다, 내리다, 붙다
희망이 너무 커 실현 가능성이 없음을 비꼬아 하는 말	꿈도	단단하다, 무르다, 야무지다, 커지다
운명에 따르다.	하늘에	빌다, 맡기다, 가다, 달다
남의 잘못을 모르는 체하다.	눈을 주다	감아, 덮어, 닫아, 짚어
뒤늦게 눈치채고 아는 체하다.	을/를 치다	장구, 꽹과리, 뒷문, 뒷북
숨기려던 것을 다른 사람이 알아채다.	들통이	들다, 나다, 내다, 없다
매우 놀라거나 두려움을 느끼다.	등골이	오싹하다, 움찔하다, 바삭하다, 춥다
더는 어떻게 할 수 없는 절박한 상황	막다른	동네, 개울, 골목, 우물

계획 등이 치밀하고 주도면밀하다.	틈이 없다	물 샐, 녹을, 깨질, 담을
시험에서 낙방하거나 탈락하다.	먹다	된장국, 김치찌개, 미역국, 북엇국
속아서 물건을 턱없이 높은 가격에 사게 되다.	을/를 쓰다	손해, 바가지, 오해, 바구니
앉아 있기에 아주 불편하고 불안한 자리	방석	비늘, 보석, 바늘, 누비
인간관계가 넓어서 폭넓게 활동하는 사람	발	거실, 마당, 거대, 통
문제의 근원을 완전히 없애다.	뿌리를	뽑다, 심다, 다듬다, 가리다
상황이 갈수록 점점 더 나빠지다.	산 산이다	건너, 넘어, 올라, 위에
매우 바쁘다.	손이 라도 모자라다	두 개, 다섯 개, 열 개, 만 개
매우 위험한 고비를 넘기다.	십 년 하다	증가, 고생, 감수, 깜짝
잘되어 가는 일을 망치거나 분위기를 깨다.	을/를 끼얹다	찬물, 얼음, 크림, 모래
잘난 체하고 뽐내는 태도가 있다.	이/가 높다	콧등, 콧대, 발등, 귀
매우 지치다.	이/가 되다	파뿌리, 양초, 파김치, 개미
검소한 생활을 하다.	허리띠를	졸라매다, 꽉 매다, 풀다, 하다
기대를 하지 않다.	을/를 비우다	잔, 마음, 가방, 희망
긴급한 일을 우선 해결하다.	불을 끄다	심한, 위험한, 급한, 빨간
잊혀지지 않고 자꾸 생각나다.	눈에	밟히다, 새기다, 들어가다, 나오다

한국어의 속담

다음은 자주 쓰이는 한국어 속담 사례를 정리한 것이다. 속담은 예부터 전해 내려오는 고정된 언어 표현이고 비유, 풍자, 교훈적인 의미가 담겨 있는 것이 특징이다. 다음의 목록은 ① 빈칸에 적절한 표현을 넣어 속담 완성하기 ② 빈칸에 적절한 보기와 부적절한 보기를 함께 제시한 후 맞는 표현을 골라 속담 완성하기 ③ 구나 어절 단위로 2개로 나누어 제시된 속담을 자연스럽게 연결하기 ④ 속담을 듣고 그 의미를 유추해 보기 ⑤ 속담에 들어가는 주요 키워드를 듣고 관련 속담을 말해 보기와 같이 다양한 방법으로 활용할 수 있다.

속담 사례	정답
가는 날이 □□이다.	장날
가는 말이 □□□ 오는 말이 곱다.	고와야
□□ 정이 있으면 □□ 정이 있다.	가는, 오는
갈수록 □□	태산
개구리 □□□ 적 생각 못 한다.	올챙이
□□ 끝에 낙이 온다.	고생
□□ 탑이 무너지랴.	공든
□□는 게 편이다.	가재
고래 싸움에 □□□ 터진다.	새우등
호랑이도 제 □□□ 온다.	말하면
호랑이는 죽어서 □□을/를 남기고 사람은 죽어서 □□을/를 남긴다.	가죽, 이름
□□□□도 □□에서 떨어질 때가 있다.	원숭이, 나무
□ 말은 새가 듣고, □ 말은 쥐가 듣는다.	낮, 밤
□□도둑이 □도둑 된다.	바늘, 소

서당개 삼 년이면 [][]을/를 읊는다.	풍월
소 잃고 [][][] 고친다.	외양간
[] 쫓던 [] 지붕 쳐다본다.	닭, 개
우물 안 [][][]	개구리
[] 없는 []이/가 천 리 간다.	발, 말
[]의 []이/가 더 커 보인다.	남, 떡
[] 놓고 [][][]도 모른다.	낫, 기역자
호박이 [][][] 굴러 들어온다.	넝쿨째
빛 좋은 [][][]	개살구
[][] 겉 핥기	수박
[][]의 떡	그림
[][][] 떡 먹기	누워서
[][][]도 식후경	금강산
벼는 익을수록 고개를 [][][].	숙인다
보기 좋은 떡이 [][]에도 좋다.	먹기
누워서 침 [][]	뱉기
누이 좋고 [][] 좋다.	매부
[][][] 키 재기	도토리
[] 안에 든 []	독, 쥐
[][][]도 두드려 보고 건너라.	돌다리
[][] 밑이 어둡다.	등잔
천 길 물속은 알아도 한 길 [][] 속은 모른다.	사람
뛰는 놈 위에 [][] 놈 있다.	나는
[]소식이 []소식	무, 희
물에 빠지면 [][][][]라도 잡는다.	지푸라기
믿는 도끼에 [][] 찍힌다.	발등
[][] 가는 데 실 간다.	바늘
발등에 [] 떨어지다.	불
배보다 [][]이/가 더 크다.	배꼽
백지장도 [][][] 낫다.	맞들면
비 온 뒤에 땅이 [][][][].	굳어진다

빈 ▢▢이/가 요란하다.	수레
선무당이 ▢▢ 잡는다.	사람
세 살 적 ▢▢ 여든까지 간다.	버릇
▢▢이/가 반이다.	시작
열 손가락 ▢▢▢ 안 아픈 손가락 없다.	깨물어
하나를 ▢▢▢▢ 열을 안다.	가르치면
아니 땐 ▢▢에 연기 나랴.	굴뚝
열 번 찍어 안 ▢▢▢▢ 나무 없다.	넘어가는
울며 ▢▢ 먹기	겨자
▢▢ 얼굴에 침 뱉으랴.	웃는
윗물이 ▢▢▢ 아랫물이 맑다.	맑아야
▢▢을/를 원수로 갚다.	은혜
작은 ▢▢이/가 더 맵다.	고추
제 눈에 ▢▢	안경
입에 ▢ 약이 병에는 좋다.	쓴
중이 제 머리 못 ▢▢▢.	깎는다
지렁이도 밟으면 ▢▢한다.	꿈틀
▢▢도 제 짝이 있다.	짚신
▢▢도 위아래가 있다.	찬물
천리길도 한 ▢▢부터	걸음
▢▢ 따라 강남 간다.	친구
▢▢ 모아 태산	티끌
하늘은 스스로 ▢▢ 자를 돕는다.	돕는
하늘의 ▢ 따기	별
하늘이 무너져도 ▢▢▢ 구멍이 있다.	솟아날
참새가 ▢▢▢을 그저 지나랴.	방앗간
식은 ▢ 먹기	죽
같은 값이면 ▢▢치마	다홍
▢▢▢ 돌에는 이끼가 끼지 않는다.	구르는
급할수록 ▢▢▢▢.	돌아가라
호랑이 굴에 들어가야 호랑이 ▢▢을/를 잡는다.	새끼

☐☐도 단김에 빼라.	쇠뿔
☐ 묻은 개가 ☐ 묻은 개를 나무란다.	똥, 겨
두 마리 ☐☐을/를 잡으려다 한 마리도 못 잡는다.	토끼
☐☐이/가 길면 밟힌다.	꼬리
떡 줄 사람은 생각도 않는데 ☐☐☐부터 마신다.	김칫국
☐☐☐의 소금도 집어넣어야 짜다.	부뚜막
달면 삼키고 쓰면 ☐☐☐.	뱉는다
☐로 주고 ☐로 받는다.	되, 말
☐☐ 갈 적 마음 다르고 올 적 마음 다르다.	뒷간
☐ 주고 ☐ 준다.	병, 약
☐이 ☐가 된다.	말, 씨
모르는 게 ☐이다.	약
☐ 빠진 ☐에 물 붓기	밑, 독
☐☐이/가 많으면 배가 산으로 올라간다.	사공
십 년이면 ☐☐도 변한다.	강산
콩 심은 데 콩 나고, ☐ 심은 데 ☐ 난다.	팥, 팥
팔은 안으로 ☐☐☐.	굽는다
☐☐ 없는 무덤 없다.	핑계
혹 ☐☐ 갔다가 혹 ☐☐ 온다.	떼러, 붙여
☐☐도 약에 쓰려면 없다.	개똥
물이 너무 ☐☐☐ 물고기가 없다.	맑으면
도둑이 제 ☐ ☐☐☐.	발, 저린다
잘되면 제 탓 못 되면 ☐☐ 탓	조상
무쇠도 갈면 ☐☐ 된다.	바늘

제3부

한국문화·의사소통,
어떻게 접근할 것인가

11 어떻게 부르고 어떻게 불리나

12 밥 한번 먹자

13 또 다른 언어

14 따로 또 같이

15 나는 오늘 학교에 갔다가 왔다. 참 지루했다

⑪ 어떻게 부르고 어떻게 불리나

한국어의 호칭은 이름보다 관계 중심

한국인 대학원생 K씨는 우즈베키스탄에서 온 B씨와 6개월 정도 같은 기숙사에서 지내면서 서로 '누나, 동생' 하며 지낼 정도로 가까운 사이가 되었다.

그런데 어느 날 아침, B씨는 기숙사에서 마주친 K씨에게 "너, 어디 가?"라고 했다. 기분이 좀 상한 K씨는 농담 반 진담 반으로 "누나한테 '너'가 뭐냐?"라고 핀잔을 줬다. B씨는 미안해하며 "당신, 어디 가?"라고 고쳐 말했다.

'너'의 높임말이 '당신'이 아닌 것은 분명하다. 그런데 어떻게 고쳐 줘야 할지 몰라서 난감했다.

생각해 보기

다음 중 맞다고 생각하는 것에 ✔ 표시를 해 보세요.

☐ 한국에서는 나이가 두세 살 많은 사람을 편하게 '친구'로 생각한다.

☐ 한국에서는 가족이 아닌 사람에게도 '오빠, 이모'라고 부른다.

☐ 두 사람 사이에 한 번 정해진 호칭은 절대로 바뀌지 않는다.

☐ 호칭은 대화자 간의 관계를 드러낸다.

🏛 외국인에게는 어려운 한국어 호칭 문제

우리는 누군가를 부르고 누군가에게 불리는 경험을 수없이 한다. 친숙한 사람이든 낯선 사람이든 누군가와 소통을 하기 위해서는 '호칭'이 필요하기 때문이다.

길을 가다가 모르는 사람에게 길을 물을 때나 식당에서 점원을 부를 때 '저기요'라고 부르기도 하고, 시장에서 물건을 살 때 여종업원을 '언니', '이모', '아줌마'라 부르기도 한다.

외국인이 한국에 와서 당황하는 것 중의 하나는 쇼핑을 할 때 처음 보는 가게 주인이 자신에게 '오빠', '언니'와 같이 가족 호칭을 스스럼없이 사용하는 것이라고 한다. 또한 아주 예쁜 외국인 여학생이 카페에서 커피를 주문할 때 남자 직원에게 "오빠, 아메리카노 한 잔 주세요."라고 해서 그 직원을 깜짝 놀라게 하는 경우도 있다. 도대체 한국어로 상대방을 부를 때는 어떤 표현을 쓰는 것이 좋은 걸까?

🏛 한국어 호칭의 몇 가지 방법

호칭은 '대화 상대를 직접 부르는 말'이다. 한국어의 호칭 방법에는 크게 '이름 호칭', '대명사 호칭', '가족(친족) 호칭', '간접이름 호칭', '낯선 관계 호칭' 등이 있다. 이 중에서 우리는 상대방과의 관계, 친밀도, 맥락 등을 고려하여 적절한 호칭을 선택하여 사용한다.

첫째, '이름 호칭'은 상대의 성이나 이름을 부르는 방법으로, 주로 '씨, 님, 군' 등의 표현과 결합해서 쓴다. 나이가 같거나 적은 사람에게는 호격조사 '-아/야'를 붙여서 사용한다.

둘째, '대명사 호칭'이란 상대를 부를 때 이름 대신 대명사를 사용하는 것으로 '자기, 당신, 너' 등이 대표적인 예다. 다만 한국어에서 대명사 호칭의 사용은 제약이 매우 심하다는 특징이 있다. '자기'나 '당신'을 써서 부를 수 있는 상대와 상황이 폭넓지 않으므로 외국인이 잘못 사용하면 자칫 오해를 사기 쉽다.

셋째, '가족(친척) 호칭'은 '언니, 어머니, 아줌마, 아저씨, 삼촌' 등과 같은 표현으로, 크게 실제 가족(친척) 간에 사용되는 경우와 가족(친척)이 아닌 사람을 부르는 일반적인 호칭으로 사용되는 경우가 있다. 엄마 친구를 '이모'로 부르거나 미용실에 온 손님을 '언니'로 부르는 등 가족 호칭은 점점 그 사용 영역이 넓어지고 있다.

넷째, '간접이름 호칭'이란 청자의 실제 이름보다는 사회적 · 혈연적 관계 등에서 얻은 '위치, 자격'의 이름에 초점을 맞추어 부르는 것이다. '과장님'과 같은 직함 호칭과 '아무개 엄마'와 같은 표현이 여기에 포함된다.

다섯째, '낯선 관계 호칭'은 대화자 간에 마땅한 호칭이 설정되지 않은 경우나 서로 호칭을 사용하는 것이 익숙하지 않은 관계에서 주의를 환기시키기 위해 사용하는 호칭이다. '여기요, 저기요' 등이 그 예가 될 수 있다.

🏛 'You'에 해당하는 한국어 표현

외국인들이 한국어로 말할 때 'You'에 해당하는 2인칭 대명사가 없어서 불편해하는 것을 자주 본다. 'You'를 그대로 번역해서 '너'라고 하면 한국 사람이 기분 나빠 하고, '당신'을 쓰면 부자연스럽다. 그 이유는 뭘까?

한국어에서 '당신'이라는 호칭을 2인칭에 사용하는 것은 보통 부부 관계에서 상대방을 가리킬 때다. 결혼을 한 후에 상대를 부를 때는 '여보', '○○ 엄마/아빠'라는 호칭을 쓰고, 배우자를 지시할 때는 "어머니께서 당신한테 하실 말씀이 있대요."라는 식으로 '당신'을 사용한다.

한편 '당신'은 친밀하지 않은 상대에게 좋지 않은 감정이 있을 때 사용하기도 한다. "당신이 뭔데 나한테 반말이야.", "당신이 먼저 끼어들었잖아." 등과 같이 서로 시비가 붙었을 때 상대를 가리키는 이름으로 사용되기도 한다.

또한 가리키는 대상을 매우 높여 말할 때에도 '당신'을 사용할 수 있다. "어머니께서는 생전에 늘 당신의 성경책을 머리맡에 두고 주무시곤 했었죠."에서 '당신'은 3인칭을 지시하는 표현이 된다.

이런 상황 외에 '당신'을 사용한다면 오해를 받게 된다. 한국어에서 2인칭 대명사는 가급적 쓰지 않는 것이 좋고, 만약 써야 할 상황이 생긴다면 제대로 잘 구분해서 써야 한다.

'당신'과 '자기' 그리고 '너'

2인칭 대명사인 '당신, 자기, 너'를 사용할 때는 다음과 같은 점을 유의해서 사용하도록 지도하는 것이 좋다.

- 당신
  - 부부 사이에 쓰는 경우가 많음
  - 타인끼리 서로 감정이 안 좋을 때 사용하면 무례하게 들림
  - 신문이나 광고, 시, 노래 등에서 일반적인 2인칭을 가리킬 때 자주 쓰임

- 자기
  - 연인 사이에 서로를 부를 때 사용하는 경우가 많음
  - 친근한 사이라도 연령이나 성별 등의 여러 변인으로 인하여 이름을 직접 부르기가 자연스럽지 않은 사이에 사용하기도 함

- 너
  - 반말을 사용해도 되는 관계에 있는 상대에게 사용함
  - 연하라도 낯선 사람에게는 사용하지 않는 것이 좋으나 상대가 어린이인 경우는 예외로 둠

🏛 호칭 선택 시 고려할 점

두 사람이 대화를 한다. 남자가 여자를 '자기'라고 부른다. 또 다른 장소에서 이 남자가 같은 여자를 '김 대리'라고 부른다. 전자는 사적인 장소이고 후자는 공적인 장소다.

〈사적인 상황〉   〈공적인 상황〉

우리가 상대방을 어떻게 부르는가는 많은 것을 함축한다. 대화자 간의 관계(연령, 서열, 직위, 친밀도 등)뿐만 아니라 대화 상황도 드러난다. 동일 인물일지라도 두 사람의 심리적 거리감, 태도 또는 관계의 변화에 따라 호칭이 달라지기도 한다.

이와 같이 한국인의 호칭 사용은 보이지 않은 수많은 규칙을 바탕으로 선별된다. 더 나아가 전략적인 호칭의 사용은 인간관계를 더욱 가깝고 친밀하게 하는 장치라고 볼 수 있다.

처음 만나서 아직 관계가 정해지지 않은 상태라면, 다소 거리를 두는 표현을 쓴다. 예를 들어 맞선을 보는 자리에 나가서 아직 통성명도 제대로 하지 않은 관계라면 '그쪽'이라는 표현을 쓰기도 한다. "그쪽은 뭘 드실 거예요?", "그쪽에 대한 이야기는 많이 들었습니다." 등이 그 예다.

　업무상 만나서 특별히 친한 관계로 발전할 필요가 없거나, 그렇게 하고 싶지 않을 때는 '○○ 씨'라고 부르거나 '○○○ 선생님', '○○○ 사장(과장, 계장)님' 등의 직위를 붙여서 호칭으로 사용하기도 한다.

　반면 빨리 친해지고 싶은 관계에서는 '언니, 오빠', '선배님' 등의 친숙한 호칭을 써서 두 사람 사이에 특별한 관계성을 부여한다. 이렇듯 호칭은 인간관계를 규정하고 거리를 조정하는 기능을 한다.

🏛 호칭을 가르칠 때 유의할 점

　외국인들이 한국어를 배울 때 상황에 맞는 호칭을 사용하려고 노력하더라도 종종 부적절한 표현을 선택하는 일이 생긴다. 그런데 외국인 학생이 자신의 실수를 의식하지 못한 채 부적절한 호칭을 습관적으로 사용하면 의사소통의 실패를 초래할 수도 있다.

　한국에서는 부르는 말에 따라 가까운 사이가 되어 특별한 이익을 쉽게 얻기도 하고 먼 사이가 되어 상대방의 관심을 받지 않을 수도 있다. 따라서 상대방과의 관계 맺음을 어떻게 할 것인지를 생각해서 호칭을 정해서 부를 수 있도록 지도하는 것이 좋다.

한국어의 호칭이나 호칭 교육 방법에 대해서 더 깊게 알아보고 싶다면 다음의
논저를 참고할 수 있다

강소산 · 전은주(2013), 한국어 교육에서 호칭어, 지칭어 교육 현황과 개선 방안, 새국
　　어교육 95, 363-389쪽.

이윤진(2006), 한국어 호칭어 교육 방안 연구, 한국어 교육 17-1, 287-306쪽.

제효봉(2010), 한국어 호칭어 교육 방안 연구 -듣기 교육을 중심으로, 국어교육연구
　　25, 271-310쪽.

✔ 한국어의 호칭은 이름이 아니라 관계 중심이다.

✔ 한국에서는 가족이 아닌 사람들에게도 가족 호칭을 사용한다.

✔ 호칭은 인간관계를 규정하고 거리를 조정하는 기능을 한다.

생각해 보기 확인 다음 중 맞다고 생각하는 것에 ✔표시를 해 보세요.

☐ 한국에서는 나이가 두세 살 많은 사람을 편하게 '친구'로 생각한다.

➡ 틀려요. 한국에서 '친구'란 일반적으로 동갑을 의미해요.

☑ 한국에서는 가족이 아닌 사람에게도 '오빠, 이모'라고 부른다.

➡ 맞아요. 한국의 가족 호칭은 가족이 아닌 사람에게도 사용할 수 있어요.

☐ 두 사람 사이에 한 번 정해진 호칭은 절대로 바뀌지 않는다.

➡ 틀려요. 두 사람 사이의 호칭은 관계나 상황에 따라 바뀌기도 해요.

☑ 호칭은 대화자 간의 관계를 드러낸다.

➜ 맞아요. 호칭은 대화자 간의 공적·사적 관계를 보여 준다고 할
수 있어요.

인사

(12) 밥 한번 먹자

한국인이 자주 하는 인사 표현

〈외국인이 당황해하는 한국의 인사 문화 몇 가지〉

"한국인은 '같이 밥 먹자'는 말을 자주 하는데, 구체적으로 언제 만나자고 하는 건지 알 수 없어요."

"한국인은 만날 때마다 늘 '밥 먹었냐'고 물어보는데, 어떻게 대답하면 좋을지 망설여져요."

"길에서 아는 사람을 만나면 자꾸 '어디 가세요?'라고 물어보는데, 그걸 왜 묻는지 모르겠어요."

"제 친구는 가게에서 물건 구경을 하다가 마음에 안 들어서 나올 때 다시 갈 생각이 없으면서도 왜 '나중에 또 올게요.'라고 말하는지 이해가 안 가요."

생각해 보기 다음 중 한국인이 자주 하는 인사 표현에 ✔표시를 해 보세요.

☐ 아이들 잘 크죠? ☐ 지금 입고 계신 옷 얼마짜리예요?

☐ 식사하셨어요? ☐ 살이 빠진 것 같네요.

☐ 별일 없으세요? ☐ 다음에 차 한잔해요.

🏠 대인관계의 윤활유, 인사

우리는 누군가와 만나고 헤어질 때마다 '인사'를 한다. 우리의 일상생활에서 상대방의 안부나 식사 여부를 묻는 인사, 외모에 대한 칭찬 인사, 헤어질 때 다음 만남을 기약하는 인사 등을 빼놓을 수 없다. 또한 고맙거나 미안한 일이 있을 때, 상대방에게 부탁하거나 거절해야 할 일이 있을 때에도 상황에 따라 적절한 인사 표현을 쓴다.

인사는 대화를 시작하고 유지하며 끝맺는 과정에서 대인관계를 원활하게 유지하는 중요한 기능을 한다. 그렇다면 한국어의 인사 표현에는 어떤 것이 있으며, 한국 사람들은 어떤 인사 표현을 자주 쓸까? 이러한 한국어 인사 표현을 배우는 데에 외국인이 느끼는 어려움은 없을까?

🏠 상황별로 굳어진 인사 표현

언어마다 대화자 간의 관계, 상황, 내용에 따라 적절하게 쓰이는 다양한 인사 표현들이 있다. 한국어에도 한국인의 문화가 반영된 다양한 인사 표현들이 있다. 특히 특정 상황에서 굳어진 표현으로 쓰이는 것은 외국인에게 어렵게 느껴질 수 있다.

☺ : 선물 감사합니다.
😃 : 별 거 아니에요.

앞의 인사 표현은 선물을 주고받아 본 적이 있는 한국 사람이라면 누구나 써 본 적이 있을 것이다. 상대에게 받은 선물에 대하여 감사의 뜻을 표현하는데, 상대는 그것을 받아들이는 것이 아니라 도리어 부인을 하는 상황이다. 한국인은 이러한 인사를 주고받는 것에 익숙해져 있으므로 부자연스럽게 느끼지 않는다.

한국인이 쓰는 인사 표현 중에는 직접적으로 자신의 감정을 드러내지 않고 에둘러 말하는 경우가 많다. 따라서 인사 속에 담긴 언어적 의미를 그대로 받아들이기보다는 상대방의 의도를 이해하는 것이 중요하다. 외국인의 입장에서 한국인의 인사 표현과 의도를 제대로 이해하는 것이 쉬운 일은 아닐 것이다. 다음 사례를 통해 이주여성 L씨와 방송인 Y씨의 경우를 살펴보자.

🏠 시어머니의 속마음을 읽지 못한 이주여성 L씨 이야기

한국으로 시집온 지 6개월째인 이주여성 L씨는 한국어가 서툴러 아직 시어머니와 소통이 원활하지 않다. 하지만 남편이 중간 역할을 잘해 주고 있고, 여러모로 시어머니와 가까워지도록 분위기를 조성해 준다.

시어머니의 생신을 맞아 L씨는 맛있는 요리도 준비하고 선물도 마련했다. 매월 생활비에서 남은 돈을 모아 시어머니께서 추운 겨울을 따뜻하게 나실 수 있도록 전기담요를 샀다. 그리고 생신을 축하드린다는 인사와 함께 어머니께 선물을 전해 드렸다.

L씨: 어머님, 생신 축하드려요.

시어머니: (고마운 마음을 표현하면서도 다소 무뚝뚝하게) 돈도 없는데 아껴 쓰지……. 뭐 이런 걸 샀니? 다음에는 이런 거 안 줘도 된다.

L씨: (예상치 못한 시어머니의 반응에 놀라며) 네? 네…….

L씨는 순간 섭섭했다. 한국을 잘 아는 고향 친구들에게 물어서 시어머니께서 가장 좋아하실 만한 선물을 고른 것이었고, 생활비를 아껴 쓰면서 마음을 써서 준비한 것이었다. 당연히 어머니께서 좋아하시고 칭찬도 해 주실 줄 알았는데 다음부터는 준비하지 말라고 하시다니……. 아무래도 다음 생신 때부터는 이렇게 준비하면 안 되겠다는 생각이 들었다.

만약 한국의 며느리라도 L씨와 같이 느꼈을까? "돈도 없는데 아껴 쓰지……. 뭐 이런 걸 샀니?"라는 시어머니의 말씀을 '돈도 없는데 내 선물까지 챙겨 주고, 정말 고맙구나.'로 이해하지 않았을까?

🏠 프라이버시를 중요하게 생각하는 방송인 Y씨 이야기

한국 생활 1년째로 종종 한국 TV 프로그램에 출연하여 얼굴을 알린 외국인 Y씨는 오며 가며 얼굴을 익힌 사람이 꽤 있어서, 가능하면 누구에게나 눈인사를 하며 지나가는 것이 습관이 되었다.

하루는 친구와의 약속 장소로 향하기 위해 지하철역에 있었다. 그때 어떤 중년 여성이 다가오더니 "어머! Y씨, 어디 가세요?"라고 묻는 것이었다. 솔직히 누구인지 잘 생각나지 않았다. 단순히 '안녕하세요?'라는 인사 정도였

으면 괜찮았을 텐데 무턱대고 자신의 행선지를 묻는 것에 무척 당황스러
웠다. 하지만 "아…… 네……. 친구 만나러 홍대 앞에 가요."라고 일단 말했
다. 그랬더니 조금 후에 그 중년 여성은 "아, 그래요? 친구 만나서 뭐 하세
요?"라고 또 물으면서 계속 사적인 질문을 했고, Y씨는 무척 당황스러웠다.

하지만 Y씨가 한국인의 인사 문화를 조금 더 깊이 이해하고 있었다면 아
마도 다음과 같이 대화하지 않았을까?

> 중년 여성: 어머! Y씨, 어디 가세요?
> Y씨: 네, 좀 볼일이 있어서요.
> 중년 여성: 친구 만나서 뭐 하세요?
> Y씨: 네, 그냥 뭐…….

Y씨가 이렇게 대답해도 한국인과의 대화는 자연스러웠을 것이고 당황
할 필요도 없었을 것이다. 중년 여성은 Y씨의 사생활이 궁금했던 것이 아
니라 그저 가볍게 인사를 나누며 관심을 표현하려고 했을 것이기 때문이다.

🏛 식사 여부를 자주 묻는 한국어 인사

외국인에게 한국어의 인사 표현을 가르칠 때는 단순히 표현만을 가르치
는 것이 아니라 그 표현을 사용하게 된 문화적 배경을 설명해 주는 것이 좋
다. 그리고 더 나아가서 그런 인사를 들었을 때 어떻게 대답을 해야 하는지
도 함께 알려 주어야 외국인 학습자에게 실질적인 도움이 된다.

예를 들어, 한국어에는 '안녕하세요.'라는 인사만큼이나 '식사하셨어요?',

'밥 먹었어?' 등 식사 여부를 묻는 인사가 많다. 그리고 헤어질 때 아쉬운 마음을 표현하며 '언제 밥 한번 먹자.'는 인사를 자주 한다. 이렇게 한국어에 식사와 관련된 인사가 유독 많은 이유는 한국인에게 '밥'은 단순히 음식의 한 종류가 아니라 식사를 같이 할 만큼 친한 관계를 의미하기 때문이다.

따라서 상대방의 식사 여부를 걱정하고 챙기는 것은 상대방을 가깝게 여긴다는 뜻이고, 식사를 같이 하자는 것은 친한 사이가 되고 싶다는 마음의 표현이다.

식사 여부를 묻는 질문에 대해서는 상대방이 자신에게 관심을 표현한 것으로 받아들이고 크게 부담 갖지 않고 다음과 같이 답하면 된다.

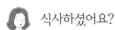 식사하셨어요?

네, 먹었어요. (또는 조금 이따가 먹으려고요)

언제 밥 한번 먹자.

네, 좋아요. (언제 한번 먹어요)

'식사 관련 인사'에 대한 외국인들의 반응

'식사 관련 인사'에 대해 나은미(2014: 107)는 한 텔레비전 프로그램의 외국인 대화를 인용하면서 다음과 같이 설명하였다.

'한집에서 함께 살면서 끼니를 같이하는 사람'을 의미하는 '식구(食口)'라는 어휘에서 알 수 있듯이, 한국인이 '밥'을 먹었는지 묻는 것은 단순히 '식사 여부'를 묻는 것이 아니라 상대를 가족같이 친밀하게 생각한다는 것이다. '밥을 함께 먹자.'는 제안 역시 단순히 구체적인 음식물을 함께하자는 의미가 아니라 당신과 친밀한 사이가 되고 싶음을 표현하는 것이다.

> 사오리: 한국 사람들은 만날 때마다 "밥 먹었어?" 하고 물어봐요! 처음엔 '한국 사람들은 도대체 몇 번씩 밥 먹는 거야?' 생각했어요.
>
> 루베이다: 나도 "밥 먹었어?" 하고 인사하는 한국 사람들 보고, 왜 늘 밥에 대한 얘기할까 생각 많이 했어요. 혹시 옛날에 밥이 없어서 그런가? 난 밥 안 먹어서 "고기와 샌드위치 먹었어."라고 대답했어요.
>
> 크리스티나: 나도 처음엔 "밥 먹었어?"란 인사말 몰라서 "아니요, 아직." 하고 대답했더니 상대방이 당황하면서 날 식당으로 데려다 주는 거야!

출처: 나은미(2014), '한국어 밥 인사 표현'의 맥락과 화용 의미, 민족문화연구 63호, 99-121쪽.

🏛 외모와 인상에 대한 칭찬

한국의 인사에는 외모나 인상을 언급하는 표현이 많다. '인상이 좋으시네요.', '날씬해지셨네요.', '오늘 예뻐요.', '좀 피곤해 보여요.' 등 외모를 칭찬하는 표현에서부터 건강을 걱정하는 표현에 이르기까지 다양한 방식의 인사가 있다. 이런 말들을 들으면 괜히 상대방에게 자신이 어떻게 보일까 신경이 쓰여서 거울이라도 한 번 더 들여다보게 되기도 한다.

한국 사람들이 외모에 대해서 언급을 하는 것은 상대방에 대한 자신의 관심을 표현하는 것으로, 대화를 시작할 때나 대화의 중간에 자주 나타난다. 다음의 예를 살펴보자.

 오늘 예뻐요.

 감사합니다. ○○ 씨도 예쁘신데요.

- -

 피곤해 보여요.

 일이 좀 많아서요.

이와 같은 인사는 상대방의 작은 변화에도 세심한 관심을 기울이고 있음을 보이는 동시에 상대방의 건강도 걱정해 주면서 서로에 대한 친밀감을 드러낸다. 그리 가깝지 않은 사람에게 지나치게 사적인 이야기를 건네는 것은 부담을 줄 수 있지만, '오늘 스타일이 멋져요.', '오늘 입은 옷이 아주 잘 어울려요.' 등의 표현을 통해 관심을 나타내는 방법은 외국인들에게도 알려 줄 수 있는 한국식 인사법이다.

🏛 상투적으로 쓰는 빈말 표현

한국의 인사에는 자신을 겸손하게 낮추거나 형식적으로 하는 빈말 표현이 많은 것도 하나의 특징이다. 예를 들어, 손님을 초대했을 때 '이렇게 누추한 곳까지 와 주셔서 감사합니다.' '차린 건 없지만 많이 드세요.'라고 하거나 선물을 할 때 '이거 별 거 아니에요.'라며 자신이 정성껏 준비한 것임에도 그 가치를 낮춰서 표현한다. 실제로는 진심과 성의를 담아 준비했더라도 자신의 호의가 상대에게 부담이 되지 않기를 바라는 마음에서 자신을 낮게 평가하는 것이다.

앞서 소개한 이주여성 L씨의 이야기에서 며느리가 준비한 선물에 대해 시어머니가 '왜 이런 걸 왜 준비했냐'고 하면서 '다음에는 하지 말라'고 하는 반응을 보인 것도 일종의 빈말 인사다. 이것은 자신에게 신경을 쓴 상대방의 관심과 성의에 대해서 고마운 마음과 미안한 마음이 함께 있음을 간접적으로 보여 주는 표현이다. 집들이 선물을 사 가지고 온 손님에게 '그냥 오시지 무거운데 뭐 하러 이런 걸 사 오세요?'라고 하는 것도 같은 맥락에서 이해 가능하다.

손님이 가게에서 물건을 구경하고 나올 때 주인에게 '한 바퀴 돌아보고 올게요.'라거나 '나중에 또 올게요.'라고 말하는 것은 아무것도 사지 않은 것에 대한 미안함과 구경을 한 것에 대한 고마움을 함께 드러낸 것이다. 다시 오겠다는 손님의 약속이 지키지 않을 약속임을 알더라도, 가게의 주인 역시 '네, 천천히 둘러보고 또 오세요.'라고 친절하게 화답하는 것 역시 흔히 볼 수 있는 빈말 인사의 상황이다.

이와 같은 빈말 인사가 한국인에게는 익숙하지만, 한국어 학습자들에게는 종종 오해를 불러일으키고 어떻게 반응해야 할지 몰라 당황스러울 수도 있다. 따라서 한국어의 인사 표현을 가르칠 때는 언어의 내용 그 자체보다 상대방이 어떤 상황에서 어떤 의도로 빈말 인사를 하는 것인지를 잘 이해할 수 있도록 알려 주는 것이 필요하다. 빈말 인사에 대해서 더 상세히 알고 싶 다면 문금현(2009)을 참고하면 된다.

🏠 인사는 한국인을 이해하는 열쇠

인사란 대화 열기를 통해 자신의 마음을 상대방에게 전달하는 하나의 표 지다. 외국인이 한국어를 배울 때 한국인의 대화 상황, 대화 내용, 상대방과 의 관계에 따라 적절한 인사 표현을 이해하고 사용하는 일은 매우 중요하다.

어쩌면 한국어의 인사 표현은 다른 언어권에 비해 상대방에 대한 개인적 인 질문을 많이 하는 것으로 비춰질 수 있을 것이다. 하지만 실제로는 상대 방에 대한 관심을 표현하고 친밀감을 높이기 위한 하나의 방책으로 해석 할 수 있다.

한 걸음 더

한국인의 인사 표현 및 문화에 대해 더 깊이 공부하려면 다음의 논저를 참고할 수 있다.

나은미(2014), '한국어 밥 인사 표현'의 맥락과 화용 의미, 민족문화연구 63호, 99-121쪽.
문금현(2008), 외국인을 위한 한국어 인사 표현의 교육 방안, 새국어교육 80, 199-226쪽.
문금현(2009), 한국어 빈말 인사 표현의 사용 양상과 특징, 언어와 문화 5-1, 65-84쪽.
방혜숙(2007), 한국어 교재에 나타난 인사표현 양상과 그 효과적 교수 방안 연구, 한국어 교육 18-1, 155-185쪽.

✔ 인사는 대인관계를 유지하는 데에 매우 중요한 기능을 하므로 언어를 배울 때는 해당 문화권의 인사 표현을 이해하고 표현할 줄 알아야 한다.

✔ 한국인은 상대방의 식사 여부, 개인적인 근황을 묻는 인사 표현을 자주 쓰는 경향이 있다.

✔ 한국어에는 상투적으로 쓰는 빈말 인사가 있다.

확인 생각해 보기 다음 중 한국인이 자주 하는 인사 표현에 ✔ 표시를 해 보세요.

☑ 아이들 잘 크죠?   ☐ 지금 입고 계신 옷 얼마짜리예요?

☑ 식사하셨어요?   ☑ 살이 빠진 것 같네요.

☑ 별일 없으세요?   ☑ 다음에 차 한잔해요.

➜ 한국인이 자주 쓰는 식사 여부, 가족의 안부, 그 밖의 관심을 표현하는 굳어진 인사 표현은 대인관계 유지 기능이 있습니다. 단, 상대방의 소유물에 대해 가격을 직접적으로 묻는 것은 예의에 어긋나는 일이므로 주의해야 합니다.

언어권별 인사 표현 비교해 보기

외국인에게 한국어 인사 표현을 효율적으로 가르치기 위해서는 한국어와 다른 언어의 인사 표현의 특징을 비교해 볼 수 있다. 가장 쉬운 예로, 한국어의 인사는 다른 언어권의 인사처럼 시간대별로 인사 표현이 다르지 않다. 영어의 경우 'Good morning', 'Good evening', 독일어의 경우 'Guten morgen.', 'Guten abend.', 일본어의 경우 'おはようございます。', 'こんにちは。' 등 시간에 따라 다른 인사를 쓰지만, 한국어에서는 언제 만나도 '안녕하세요.'라고 말하면 된다.

⑬ 또 다른 언어

말보다 몸이 먼저 메시지를 전한다

한국어 교사 3년차 K씨, 문법을 설명한 후 "이해했어요?"라고 학생들에게 물어보니 모두 이해했다는 의미로 고개를 끄덕이는데 네팔 학생만 유독 고개를 갸우뚱한다. 이 학생을 위해서 다시 설명했는데도 역시 같은 반응이다. K씨가 "어떤 것이 이해가 안 돼요?"라고 물어봤더니 그 학생의 대답은……

"선생님, 우리나라에서는 (고개를 갸우뚱하는 동작을 보이면서) 이게 이해했다는 뜻이에요."

 다음 중 맞다고 생각하는 것에 ✔표시를 해 보세요.

☐ 언어를 통한 의사소통과 몸짓을 통한 의사소통의 비중은 비슷하다.

☐ 인사를 나눌 때의 몸짓은 전 세계적으로 공통적이다.

☐ 한국어를 가르칠 때 한국인이 자주 쓰는 몸짓도 함께 알려 주는 것이 바람직하다.

☐ 한국어의 몸짓을 알려 줄 때 학습자의 언어권에서 쓰는 몸짓과 비교해 보는 것도 의미가 있다.

🏛 한국어 교육에서 몸짓도 가르친다?

"안녕하세요?"라고 인사할 때 반듯하게 선 채로 말하는 사람은 보기 드물다. 상대에 따라 가볍게 목례를 하거나 허리를 숙이는 자세를 취한다. 부하 직원이 직장 상사에게 정중하게 "안녕하십니까?"라고 인사할 때 손을 흔드는 몸짓은 다소 어색하다. 손을 흔드는 행위는 상대와의 친밀도가 높거나 서열이 비슷할 때 나타나기 때문이다.

한국인이 일상생활에서 의사소통의 상황과 내용에 맞게 자주 사용하는 몸짓은 외국인 학습자에게 매우 유용한 정보다. 한국어 교육에서 다루어져야 할 한국인의 주요 몸짓은 무엇이며, 외국인에게 어떻게 가르칠 수 있을까?

🏛 의사소통에 있어서 몸짓의 중요성

인간의 의사소통은 언어보다 비언어적 측면의 영향을 더 크게 받는다. 심리학자 앨버트 메러비언(Albert Mehrabian)에 따르면 커뮤니케이션의 93%

는 말이 아닌 몸짓에 의해 이루어지며, 말을 통해 이루어지는 소통은 7%에 불과하다고 한다. 몸짓은 대표적인 비언어적 표현이며, 몸짓에는 손짓, 눈짓 등이 모두 포함된다.

몸짓의 역할

몸짓은 여러 가지 역할을 수행한다. 몸짓은 대화 도중이나 말이 전혀 사용되지 않을 때 말을 대신할 수 있으며, 상호작용의 진행과 리듬을 조절한다. 또한 주의력을 유지하며 말에 대한 강조 또는 명확성을 더해 준다. 그뿐만 아니라 말의 내용에 특징을 주어 잊지 않도록 해 주며, 그다음에 해야 할 말의 예보 역할을 하기도 한다.

출처: 김영순 · 임지룡(2002), 몸짓 의사소통적 한국어 교수법 모형, 이중언어학 20, 6-7쪽.

언어권에 따라 몸짓이 다르다. 한국에서 인사를 할 때 '안녕하세요?'라고 언어로만 표현하기보다 가벼운 목례를 하거나 허리를 숙이면 상대방에게 더 예의를 갖춘 것이 된다. 이와 달리 영어권에서는 반갑게 손을 들어 반가움을 표시하거나 가벼운 포옹을 하며 인사를 하는 것이 일반적이다.

언어권별 몸짓의 특징을 아는 것은 효율적인 의사소통을 하는 데에 매우 중요하다. 언어권별 몸짓에 이해가 부족한 경우 자칫 상대에게 오해를 살 수도 있고 소통의 효율성을 떨어뜨릴 수 있다.

한국적 상황에서 학생이 교사에게 '숙제를 한 손으로 제출하는 행위', 아랫사람이 어른에게 훈계를 받거나 혼이 날 때 '두 눈을 크게 뜨고 상대를 응시하는 행위' 등은 일반적으로 한국인의 정서에 맞지 않는다. 반면 같은 몸짓이 다른 언어권에서는 크게 문제가 되지 않을 수 있다. 따라서 한국어 교사는 문화권에 따른 몸짓의 차이를 이해할 필요가 있다.

🏛 언어권별 몸짓의 차이로 인한 에피소드 1

한국어 수업이 한창 진행 중인데 미얀마 학생이 갑자기 아무런 말도 없이 자신의 새끼손가락을 번쩍 치켜세웠다. 한국에서 새끼손가락은 '약속' 또는 '(부정적 의미의) 여자 친구'를 의미하기 때문에 갑작스러운 학생의 행동에

교사는 당황하지 않을 수 없었다.

교사가 학생에게 "그게 무슨 뜻이지요?"라고 물었더니 미얀마에서는 새끼손가락을 올려서 보여 주는 것이 '화장실에 간다'는 의미라고 알려 주었다. 한국어 교사는 이 경험을 통해 같은 몸짓이라도 나라마다 내포하는 의미가 다를 수 있으며 이런 차이를 모르면 오해를 불러올 수 있음을 알게 되었다. 또 다른 언어권에서 자주 쓰는 몸짓에 대해서 다른 학생들과 함께 이야기하는 시간을 갖게 되었다.

🏢 언어권별 몸짓의 차이로 인한 에피소드 2

한국어 교사 3년차 K씨는 그날 배울 문법을 설명한 후 학생들에게 "이해했어요?"라고 물어보았고, 모두들 잘 이해했다는 표정이다. 그런데 다들 학생들이 이해했다는 의미로 고개를 끄덕이는 가운데 유독 한 학생만 고개를 갸우뚱한다. 그 학생을 위해 다시 한 번 설명을 했는데도 역시 고개를 갸우뚱한다.

부족한 설명이 무엇인지 걱정되어서 "어떤 것이 이해가 안 돼요?"라고 학생에게 물어보니 다음과 같이 답한다.

　"선생님, 우리나라에서는 (고개를 갸우뚱하는 동작을 보이면서) 이게 이해
　했다는 뜻이에요."

긍정을 의미하는 몸짓과 부정을 의미하는 몸짓은 언어권마다 다를 수 있다. 한국에서는 고개를 끄덕이는 동작이 긍정의 의미를 갖지만 다른 나라에서는 정반대의 의미를 가질 수도 있다는 사실, 이것이야말로 새로운 언어를 배우는 어려움이자 묘미가 아닐까?

언어권별 몸짓의 차이로 인한 에피소드 3

매 학기 학생들을 만나지만 학생들과 특히 더 깊이 정이 드는 학기가 있다. 종강일이 되면 헤어지는 것이 아쉬워 눈물을 보이는 학생도 적지 않다. 한 명씩 차례로 나와서 악수 혹은 가벼운 포옹을 하며 감사의 말도 전하기도 한다.

어느 학기 종강일의 일이다. 키가 크고 멋진 프랑스 남학생이 한국어 교사 앞에 서더니 "선생님, 우리나라에서는 헤어질 때 뽀뽀를 하는데요."라고 말했다. 그럼 "프랑스 방식의 인사대로 뽀뽀를 할까요?"라고 해야 할지, "여기는 한국이니까 그건 절대 안 돼요."라고 해야 할지 교사는 순간적으로 당황했다.

잠시 후 교사는 "한국에서는 어른에게 예의를 갖추어 인사할 때 큰절을

해요."라고 학생에게 재치 있는 답변을 건넸다. 그러자 그 학생은 다소 서툰 큰절로 선생님께 감사의 마음을 담은 마지막 인사를 했고, 교실은 순식간에 웃음바다가 되었다.

🏛 언어와 함께 몸짓도 배우고 가르쳐야

모국어 화자는 모국어로 말할 때 상황에 맞는 몸짓을 자연스럽게, 무의식적으로 사용한다. 하지만 외국어를 배울 때는 해당 언어권의 몸짓을 알지 못하기 때문에 이에 대한 별도의 교육과 연습이 필요하다.

한국어 학습자에게 알려 주어야 할 몸짓으로는 수업 시간에 자주 사용하는 몸짓, 일상생활에서 자주 부딪히는 상황에서 필요한 몸짓 등이 있다. 특히 의사소통의 효율성을 높이는 데 필요한 몸짓, 자칫 잘못 사용하면 해당 문화권에서 오해를 살 수 있는 몸짓에 초점을 두어 알려 주는 것이 좋다.

한국인은 긍정의 답을 할 때 고개를 끄덕이지만 어떤 언어권에서는 그 반대의 의미를 지니며, 숫자를 세는 몸짓도 언어권별로 차이가 있다. 입장이 난처하거나 곤란할 때의 몸짓, 상대에게 무언가를 부탁하고자 할 때의 몸짓 등 우리는 일상생활의 다양한 상황에서 메시지를 효율적으로 전달하기 위해 몸짓을 활용한다. 효율적인 몸짓은 말보다 먼저 메시지를 전하며 성공적인 의사소통을 위해 기여한다.

한국어 교육에서 몸짓을 교육의 내용으로 다룰 때는 몸짓만을 따로 다루는 것이 아니라 언어와 함께 제시하는 것이 바람직하다. 또한 한국인의 몸짓만 강조할 것이 아니라 학생들의 문화권에서 사용하는 몸짓과 비교하는 것이 좋다. 의사소통은 일방적인 것이 아니라 양방향으로 이루어지며 상대적인 것이기 때문이다.

🏢 한국의 예절과 관계된 몸짓 사례

다른 문화권에서는 자연스러운 행동이 한국에서는 예의에 어긋나거나, 이와 반대가 되는 경우가 있다. 한국어 학습자에게 꼭 알려 줘야 할 몸짓의 예를 몇 가지 살펴보자.

윗사람과 물건을 주고받을 때

한국에서는 아랫사람이 윗사람과 물건을 주고받을 때 양손을 써야 예의에 어긋나지 않는다. 이것은 한국의 술 문화에서도 예외가 아니다.

윗사람에게 훈계를 받을 때

한국에서는 아랫사람이 훈계를 받을 때 고개를 똑바로 들고 윗사람을 쳐다보면 상대방의 권위에 대항하는 것으로 오해를 받을 수 있다. 자신을 낮추는 의미로 고개를 숙이고 상대방의 말을 경청하며 반성하는 자세를 보이는 것이 좋다. 반면 언어권에 따라서는 고개를 숙이는 행위가 무언가를 감추거나 자신감이 없는 것으로 비춰지기도 한다.

상대를 부를 때

조금 떨어진 거리에 있는 상대에게 오라는 손짓을 할 때, 한국인은 다음의 왼쪽 그림과 같이 손등을 하늘로 향하게 하고 손을 위에서 아래로 움직인다. 이 방향이 반대가 되지 않도록 주의해야 한다.

한 걸음 더

한국인의 몸짓에 대해 더 상세히 알아보려면 다음의 논저를 참고할 수 있다.

김경지(2011), 한국어 학습자를 위한 비언어적 표현 연구, 경희대학교 박사학위논문.

김영순·임지룡(2002), 몸짓 의사소통적 한국어 교수법 모형, 이중언어학 20, 1-24쪽.

성광수(2001), 한국어에 있어서 몸짓과 발화의 관계, 이중언어학 19-1, 299-326쪽.

조현용(2007), 한국인 비언어적 행위의 특징과 한국어교육 연구, 이중언어학 33,
　　269-295쪽.

✓ 의사소통에서 몸짓이 차지하는 비중은 매우 높다.

✓ 문화권별로 같은 몸짓이라도 그 의미가 다를 수 있다.

✓ 한국어를 가르칠 때 한국인이 자주 사용하는 몸짓도 함께 알려 주어야 한다.

 생각해 보기 확인

다음 중 맞다고 생각하는 것에 ✓ 표시를 해 보세요.

☐ 언어를 통한 의사소통과 몸짓을 통한 의사소통의 비중은 비슷하다.

➡ 틀려요. 몸짓을 통한 의사소통의 비중이 훨씬 높습니다.

☐ 인사를 나눌 때의 몸짓은 전 세계적으로 공통적이다.

➡ 틀려요. 문화권에 따라 인사를 나눌 때의 몸짓에는 차이가 있습니다. 가령, 한국인은 정중하게 인사할 때 고개를 숙이지만 그렇지 않은 문화권도 많습니다.

☑ 한국어를 가르칠 때 한국인이 자주 쓰는 몸짓도 함께 알려 주는 것이 바람직하다.

➜ 맞아요. 언어와 몸짓을 함께 제시하는 것이 좋습니다. 가령, "안녕하세요."라는 인사를 가르칠 때 언어와 함께 해당 몸짓을 자연스럽게 연습하도록 합니다.

☑ 한국어의 몸짓을 알려 줄 때 학습자의 언어권에서 쓰는 몸짓과 비교해 보는 것도 의미가 있다.

➜ 맞아요. 언어의 공통점과 차이점을 배우는 것이 효율적이듯이 언어권별 몸짓을 비교하면서 배우는 것도 유의미합니다.

⑭ 따로 또 같이

들어야 말하고 읽어야 쓴다

나 어제
영화······ 봤어······.
불고기 먹었어.

한국어교원양성과정에서 한국어 교수법 수업을 듣고 있는 B씨는 '언어의 기능별 수업'과 '통합 수업'에 대한 내용을 처음으로 접했다. 이것을 토대로 다음 주에 있을 시범 강의를 준비해야 한다.
그런데 '통합 수업'의 개념이 무엇인지 잘 와 닿지 않는다.

생각해 보기

다음 중 맞다고 생각하는 것에 ✓표시를 해 보세요.

☐ 읽기, 쓰기, 말하기, 듣기는 반드시 각각 배우고 가르쳐야 한다.

☐ 음성 언어(말하기, 듣기)보다 문자 언어(읽기, 쓰기)가 더 중요하다.

☐ 일상생활에서 말하기는 듣기와도 매우 밀접한 관련이 있다.

🏛 언어의 네 가지 기능: 듣기, 말하기, 읽기, 쓰기

우리가 누군가와 소통을 할 때 아무 반응을 하지 않고 듣기만 하거나 상대를 전혀 신경 쓰지 않고 일방적으로 나의 말을 쏟아 내기만 하는 경우는 드물다.

일상생활에서 흔히 볼 수 있는 소통의 모습은, 말하는 이가 듣는 이가 되었다가 듣는 이가 다시 말하는 이로 '역할 바꿈'이 빈번하게 나타나는 것이다. 이때 화자와 청자의 역할이 고정적으로 정해져 있지 않고 맥락에 따라 불규칙적이면서도 자연스럽게 '순서 교대'가 이루어진다.

언어를 통한 의사소통의 네 가지 방법인 '읽기', '쓰기', '말하기', '듣기'는 긴밀하게 연결되어 있다. 특정 기능에만 집중적으로 의존하기보다는 적어도 두 가지 이상의 언어 기능들이 통합된 활동을 통해 일상생활에서의 소통이 이루어진다.

먼저 '읽기'와 '쓰기'가 유기적으로 연계된 예를 찾아보자. 우리는 책이나 신문, 각종 매체 등의 텍스트에서 유용한 정보를 얻는다. '읽기'를 통해 감성을 자극하는 좋은 글귀를 발견하기도 하고 중요하다고 판단되는 정보를 접하면 기록해 두고 싶은 동기와 욕구나 생긴다. 이를 통해 '읽기'는 자연스럽게 '쓰기' 행위로 이어진다. '읽기'를 통해 얻은 정보는 그대로 옮기거나 자신의 생각을 정리하면서 '쓰기'로 남긴다.

'듣기'와 '말하기'도 떼려야 뗄 수 없는 관계에 있다. 누군가로부터 흥미로운 이야기를 들었거나 유익한 강의를 접한 후에 그것을 다른 사람과의 대화 소재로 삼는 일은 매우 빈번하다. 즉, '듣기'가 '말하기'로, '말하기'가

'듣기'로 연결된다.

　한편 텍스트를 통해 '읽은' 정보를 '써 두었다가' 그것을 소재로 누군가에게 '말하면서' 대화를 시작하고 상대의 이야기를 '들으면서' 소통의 폭을 넓혀 가는 행위를 떠올려 보자. 지극히 평범해 보이는 이러한 행위가 실제로는 읽기, 쓰기, 말하기, 듣기의 4가지 언어 기능이 매우 유기적으로 우리의 의사소통에 직접 관여하고 있음을 보여 준다. 아침에 눈을 뜬 순간부터 잠자리에 들 때까지 자신이 어떤 상황에서, 어떤 언어 기능을 통해 의사소통을 하는지를 구체적으로 떠올려 보자.

음성 언어와 문자 언어, 이해 영역과 표현 영역

　듣기와 말하기는 '음성 언어'라는 점에서, 읽기와 쓰기는 '문자 언어'라는 점에서 공통점이 있다. 한편 듣기와 읽기는 '이해 영역'이고 말하기와 쓰기는 '표현 영역'이라는 측면에서 공통점을 지닌다. 읽기, 쓰기, 말하기, 듣기는 다음과 같이 정의할 수 있다.

수단 ＼ 영역	이해 영역	표현 영역
음성 언어	듣기	말하기
문자 언어	읽기	쓰기

읽 기　문자 언어를 통한 이해 영역
쓰 기　문자 언어를 통한 표현 영역
말하기　음성 언어를 통한 표현 영역
듣 기　음성 언어를 통한 이해 영역

　언어 기능을 가르치고 배울 때는 앞의 표에서 볼 수 있듯이 각 기능별 차이점과 공통점을 고려하게 된다. 모국어 화자의 경우 '듣기 → 말하기 → 읽기 → 쓰기'의 순서로 언어 기능에 노출되고 습득하는 것이 일반적이다. 반면 우리가 외국어를 배울 때는 학습자의 연령, 성향, 상황에 따라 언어 기능을 습득하는 순서가 상이하다. 성인 학습자의 경우는 먼저 목표 언어의 문자를 배우고 읽게 된 후 듣기와 말하기의 순서로 학습을 하는 경향이 있다. 성인 학습자가 외국어를 읽고 쓰는 것에 비해, 듣고 말하는 것이 상대적으로 취약하다는 것은 잘 알려져 있다.

🏛 언어의 기능별 특징

언어의 4가지 기능인 읽기, 쓰기, 듣기, 말하기의 기능별 특성과 개념을 잘 이해한다면 언어를 보다 효율적으로 가르치고 배울 수 있다.

■ 듣기

우리는 '듣기'를 통해 다양한 소리나 음성으로 된 정보를 수용한다. 안내 방송, 라디오, 뉴스, 강의를 들으면서 어느 역에서 내려야 하는지, 최근 화두가 되는 것은 무엇인지, 핵심 내용이 무엇인지를 파악한다. 자신에게 필요한 정보일수록 더욱 귀를 기울여 '능동적인' 듣기를 한다. 반면 바로 옆에서 아무리 큰 소리로 들린다고 해도 관심 없는 내용이거나 불필요한 정보에 대해서는 주의를 기울이지 않기 마련이다. 따라서 청자는 능동적인 '듣기'를 통해 비로소 정보를 제대로 수용하고 이해할 수 있게 된다.

Tip 모어 화자는 '듣기'부터 습득

'듣기'는 모어 화자에게 언어의 4가지 기능 중에서 가장 먼저 습득되는 능력이다. 1~2살 정도의 영·유아들이 말은 못하더라도 상대방이 지시하는 물건을 바라보거나 손짓을 하고 고개를 끄덕이는 등의 반응을 하는 것도 바로 듣기 능력이 있기 때문이다.

■ 읽기

'듣기'가 음성으로 된 정보를 받아들이는 과정이라면, '읽기'는 문자와 텍스트에 담긴 의미를 이해하는 과정이다. 특히 '읽기'를 할 때 독자는 자신의 배경지식을 토대로 텍스트의 의미를 파악하게 된다. 이때 고립된 언어 단위를 단편적으로 해독하는 것이 아니라 필자의 의도를 짐작하면서 전반적인 의미를 유추하려고 노력한다.

이를테면, 신문의 사회면에 난 기사를 읽을 때 해당 기사의 배경에 대해 이미 잘 알고 있는 독자는 새로운 기사를 해석함에 있어서 기존의 배경지식을 적극적으로 활용하게 된다. 이때 텍스트와 관련된 사진이나 그림이 함께 제시된다면 배경지식의 활용 측면에서 효율성이 높아진다. 이처럼 정보 수용자로서의 능동적인 역할이 중요하다는 점에서 '읽기'와 '듣기'는 공통점이 있다.

■ 말하기

말하기는 필요한 정보를 얻거나 상황에 맞게 자신의 의사를 명확하게 표현하고 싶을 때 상대와의 의미 협상 과정에서 필수적인 언어 기능이다. '말하기'는 타인에게 가장 잘 드러나는 언어 기능이라는 특징이 있다. 실제로 상대의 '듣기' 능력이 어느 정도인지를 파악하기는 어렵지만, '말하기'는 발음이나 단어 및 문법의 사용 등을 보면서 짧은 시간에 그 실력을 가늠하기가 용이하다. 간혹 한국어 이해력이 탁월한 학습자임에도 불구하고 한국어 발음이 좋지 않고 말하기가 유창하지 않은 탓에 전반적인 한국어 능력을 낮게 평가받기도 한다.

■ 쓰기

쓰기는 자신의 생각을 글을 통해 명확하게 표현하는 것으로 언어의 4가지 기능 중에서 익숙해지기까지 가장 많은 시간을 필요로 한다. 문자 언어를 통해 자신의 생각을 명료하게 표현하고 구조화하는 것은 결코 쉬운 일이 아니다. 흔히 우리가 자신의 생각을 말로 표현할 때는 주저함 없이 유창하게 말할 수 있어도, 막상 '쓰기'로 나타내려면 많은 부담과 어려움을 느끼게 된다. 쓰기는 독자를 예상하면서 어떤 내용을 어떤 표현과 구조로 써야 할지를 끊임없이 생각하는 과정이라 할 수 있다. 이러한 까닭에 즉각적인 '말하기'에 비해, '쓰기'에서는 상대적으로 비문과 반복이 적고 사용된 어휘 양이 풍부하며 전반적인 구조가 긴밀하고 내용이 논리적이다.

📖 언어 기능의 통합 수업

　언어의 4가지 기능은 그중 어느 한 가지만 급격하게 발달하거나 퇴화하지 않는다. 각 기능이 긴밀하게 연계되어 서로 영향을 주고받는다. 따라서 의사소통 중심의 언어 교육에서 '읽기만 하는 수업'이나 '말하기만 하는 수업'이 아니라 언어 기능의 통합 수업을 지향한다. 다음은 실제 한국어 수업에서 활용할 수 있는 통합 수업의 예다.

■ 좋아하는 한류 스타의 이름 찾아 써 오기, 한글 간판 읽고 써 오기

　'좋아하는 한류 스타나 유명인의 이름을 찾아 써 오기'나 '한글 간판을 읽고 써 오기'는 한글을 익히는 단계에서 할 수 있는 활동이다. 학습자 스스로 '정보를 찾아 읽기' → '한글로 옮겨 쓰기' → '(수업 시간에) 자신이 쓴 것을 읽거나 말하기'와 같은 순서로 이루어질 수 있다. 이 활동은 적어도 2~3개 이상의 언어 기능을 통합할 수 있으며 학습자 개인의 흥미를 고려한 실제적인 활동이라는 점에서 장점이 있다.

읽기　　쓰기

듣기　말하기

■ 들은 단어를 친구에게 전달하기

들은 단어를 친구에게 전달하는 게임을 통해 언어 기능이 통합된 수업을
할 수 있다. 두 명 이상의 학습자가 있으면 게임이 가능하며 학습자가 많은
경우는 팀을 나누어, 들은 단어를 먼저 정확하게 전달하는 팀이 이기는 것
으로 한다.

① 교사는 단어가 적힌 카드를 여러 개 준비한다.
② 가장 앞에 있는 학생이 교사가 제시한 카드에 적힌 단어를 (눈으로만)
   읽는다. ➡ 읽기
③ 단어를 읽은 학생은 다음 사람에게 자신이 읽은 단어를 귓속말로 전
   달한다. ➡ 말하기 , 듣기
④ 귓속말로 전해 들은 단어를 또 다음 사람에게 귓속말로 전달한다.
   ➡ 말하기 , 듣기
⑤ 가장 마지막에 있는 사람은 귓속말로 들은 단어를 종이에 쓰고 읽는다.
   ➡ 쓰기 , 읽기
⑥ 활동이 잘 이루어지고 있는지 교사가 확인하여 피드백을 제공한다.
   정확한 답이 나올 때까지 다시 한 번 기회를 제공할 수도 있다.

■ 친구의 발표를 듣고 요약하기

언어 기능이 통합된 활동으로 '친구의 발표를 듣고 요약하기'를 들 수 있
다. 한 학생이 먼저 발표를 하면 다른 학생은 발표를 들으면서 그것을 요약
한다. 발표가 모두 끝난 후 친구들의 발표 내용에 대해 각자 정리해 본다.

① 자신의 경험담에 대해 미리 정리한 글을 토대로 3분 발표를 한다.

➡ 쓰기 , 말하기

② 다른 학생들은 발표를 들으면서 주요 내용을 요약한다.

➡ 듣기 , 쓰기

③ 발표가 끝난 후 발표자에게 궁금한 내용에 대해 질문한다.

➡ 말하기 , 듣기

④ 발표를 모두 들은 후 각자 들은 내용과 느낀 점을 종합적으로 정리한다.

➡ 쓰기

🏠 일상생활의 작은 모형인 통합 수업

한 시간 동안 듣기만 하는 수업을 경험해 본 적이 있는가? 혹은 한 시간 내내 글을 쓰기만 하는 수업에서 학생들이 처음부터 끝까지 흥미를 가지고 집중하기란 쉬운 일이 아닐 것이다. 특히 나이가 어린 학생들일수록 집중하는 시간이 짧아 교육적인 효과를 얻어 내기가 어렵다.

듣고 대답하고, 읽고 말하고, 때로는 듣고 쓰는 활동이 연속적으로 이루어지는 일상생활에 외국인들을 적응시키기 위해 한국어 교실에서도 기능들 간의 통합 수업이 이루어져야 한다. 교사가 할 일은 배운 내용을 활용할 수 있도록 얼마나 효과적이고도 흥미가 있는 통합 활동을 찾아내느냐일 것이다.

한 걸음 더

언어 기능별 수업과 통합 수업에 대해 더 깊이 알아보려면 다음의 논저를 참고할
수 있다.

백아영·김영주(2013), 한국어 교재에 나타난 듣기 활동과 타 영역 간 통합성 연구,
　　한국언어문학 85, 171-195쪽.

이성희(2008), 한국어 교육에서의 읽기, 쓰기 통합교육 연구, 이중언어학 37, 113-
　　131쪽.

이해영(1999), 한국어 듣기 교육의 원리와 수업 구성, 한국어 교육 10-1, 241-263쪽.

이해영(2005), 말하기·듣기 교육의 과제와 발전 방향, 한국어교육론3, 한국문화사.

최은규(2004), 신문을 활용한 한국어 교육 방법 연구, 한국어 교육 15-1, 231-233쪽.

✔ 언어 기능에는 크게 '읽기', '쓰기', '말하기', '듣기'가 있다.

✔ 효율적인 수업과 학습을 위해 언어의 기능별 특징을 이해할 필요가 있다.

✔ 언어 기능의 통합 수업은 의사소통 능력을 발달시키고 보다 활동적인 수업으로 이끌 수 있다.

생각해 보기 확인! 다음 중 맞다고 생각하는 것에 ✔ 표시를 해 보세요.

☐ 읽기, 쓰기, 말하기, 듣기는 반드시 각각 배우고 가르쳐야 한다.

➜ 틀려요. 의사소통 능력 향상을 목적으로 하는 경우라면, 언어의 각 기능을 따로 가르치는 것보다 통합하여 가르치는 것이 더 효율적입니다. 단, 기능별로 특화된 수업에 대한 요구도 반영될 수 있습니다. 번역가를 목표로 하는 학습자 대상이라면 읽기, 쓰기 중심의 수업을 진행할 수 있습니다.

☐ 음성 언어(말하기, 듣기)보다 문자 언어(읽기, 쓰기)가 더 중요하다.

➜ 틀려요. 음성 언어와 문자 언어 중에서 무엇이 상대적으로 더 중요하다는 것은 단언할 수 없습니다. 가장 이상적인 것은 음성 언어와 문자 언어로 하는 소통 능력을 균형 있게 갖추는 것입니다.

☑ 일상생활에서 말하기는 듣기와도 매우 밀접한 관련이 있다.

➡ 맞아요. 일상생활이라면 대부분의 사람들은 음성 언어에 의한 소통의 비중이 훨씬 큽니다. 즉, 듣고 말하기에 대한 의존도가 높습니다.

참고

특정 언어 기능별 집중 수업

모든 수업이 언어 기능의 통합 수업으로 이루어지는 것은 아니다. '읽기 수업'이나 '말하기 수업'과 같이 특정 언어 기능을 집중적으로 다루는 특화된 수업도 있다. 이러한 수업은 한두 기능에 집중하여 부족한 능력을 신장시키거나 학생들의 요구에 부응한다. 예를 들어 듣기나 말하기는 익숙하지만 쓰기 능력이 부족한 교포 학생들에게는 맞춤법이나 문법 등을 중심으로 한 글쓰기 수업을 강화하고, 문학 작품에 관심이 많은 학생들에게는 소설이나 시를 읽고 이해할 기회를 충분히 제공한다. 또한 대학 강의 수강을 목표로 하는 학생들에게는 강의에서 핵심 내용을 듣고 이해하는 방법을 가르치는 것도 특화된 수업의 좋은 사례다.

⑮ 나는 오늘 학교에 갔다가 왔다. 참 지루했다

재미있게 쓰기 훈련을 할 수 있는 다양한 방법

한국어 교사 1년 경력의 B씨는 한국어 쓰기 훈련을 위해 학생들에게 날마다 일기를 쓰게 한다. 그런데 학생들의 내용은 거의 똑같다. 일상생활이 단조로운 탓이라고 생각해 보지만…… 학생들에게 다양한 글쓰기를 연습시킬 수 있는 방법은 없을까?

 다음 중 맞다고 생각하는 것에 ✔ 표시를 해 보세요.

☐ 초급 단계부터 일기 쓰기를 연습시키는 것이 좋다.

☐ 중급 단계에서는 반복되는 똑같은 일기 내용이라도 매일 연습해 보는 게 좋다.

☐ 이주여성에게는 쓰기 연습이 필요하지 않다.

☐ 인터넷을 통해서 쓰기 연습을 하는 것은 직접 손으로 쓰는 것이 아니기 때문에 효과가 없다.

🏛 쓰기 교육, 왜 필요할까

한국에 살고 있는 외국인들은 의사소통을 위해 기본적으로 한국어로 말하고 듣는 연습을 해야 한다. 그런데 이들에게 쓰기도 가르쳐야 할까? 다음 세 부류의 사람들에게 어떤 쓰기 교육이 필요할지 생각해 보자.

- 주부 A씨: 한국인 남자와 결혼해서 초등학생 아들과 유치원생 딸이 있다.
- 외신기자 B씨: 한국에 파견 온 지 1년 되었고 본국 신문사에 한국과 관련된 기사를 작성해서 보낸다.
- 대학원생 C씨: 한국의 대학원에서 한국학을 전공하고 있다.

외국어 학습에서 쓰기는 체계적인 글쓰기인 작문 활동만을 가리키는 것이 아니라 문자 언어를 통해서 자신의 의사소통 목적을 달성하는 모든 활동을 가리킨다. 예를 들어 글자를 보고 베껴 쓰거나 받아쓰는 것도 넓은 의미에서 쓰기에 포함된다. 주부 A씨는 초등학생과 유치원생 자녀를 위해 알림장에 메모를 남길 때, 아이들의 받아쓰기 숙제를 봐 줄 때 한국어로 글을 써야 할 필요를 느낀다. 외신 기자 B씨는 한국의 방송국이나 신문사에 보도 자료를 요청할 필요가 있을 때 한국어로 이메일을 잘 쓰면 얼마나 좋을까 하는 생각을 하곤 한다. 대학원생 C씨는 보고서나 논문 등을 위해 쓰기 능력이 반드시 필요하다.

학습자의 목적에 따라 요구되는 글쓰기의 종류나 수준은 다르지만 대부분의 학습자들은 그들의 상황에서 다양한 용도로 쓰기가 필요함을 느낀다. 따라서 초급 단계부터 수준과 요구에 맞는 다각도의 쓰기 방법을 찾아서 창의적으로 쓰기 훈련을 할 수 있도록 도와주어야 한다.

🏠 날마다 할 수 있는 쓰기 과제: 일기 쓰기

　일기 쓰기는 특별한 주제나 형식이 없고 자신의 주위에서 일어날 수 있는 폭넓은 글쓰기가 가능하다는 점에서 한국의 공교육에서도 자주 활용하는 쓰기 훈련의 한 방법이다. 한국어 교실에서도 명사, 조사, 동사, 형용사 그리고 간단한 어미 활용만 배우고 나면 바로 일기 쓰기에 도전해 볼 수 있다. 일기를 쓰면서 하루 일과를 돌아볼 뿐만 아니라 다양한 표현도 연습해 봄으로써 교과서의 한국어를 살아 있는 자신의 이야기로 바꿀 수 있다.

　문제는 학생들의 생활이 지나치게 단순하다는 것이다. 아침에 일어나면 어학원에 가서 공부를 하고, 오후에는 커피숍에서 친구를 만나서 이야기하거나 도서관에 가서 공부를 하고, 저녁에는 집에 가서 텔레비전을 보거나 인터넷을 하는 생활. 이런 반복적인 일과만 적다 보면 새로운 어휘와 문법

을 사용할 기회를 놓친다.

이런 문제를 해결하려면 특별한 일이 있을 때나 주말에 일기 숙제를 내주는 방법이 있다. 그렇지 않으면 다양한 주제와 방식으로 쓰기 활동을 할 수 있도록 유도할 수도 있다. 이런 쓰기 활동은 초·중·고급 학습자들 모두에게 유의미하고 교육적인 활동이 된다(다양하게 사용할 수 있는 일기 주제는 229~230쪽의 '참고'를 활용).

<한국어 학습자의 일기 사례>

사례 1

8시에 일어났다. 샤워하고 세수했다. 한국어 수업에 들었다. 점심 먹고 쉬았다. 도서관에서 공부했다. 친구랑 저녁 머그러 가고 쉬았다. 또 공부했다. 숙제하고 잠잤다.

사례 2

오늘은 수업들이 있었다. 한국어 문화 수업이 들었다. 수업을 끝난 후에 반 친구들 함께 순두부찌개를 먹으로 식당에 갔다. 진짜 맛있었다. 먹기 전에 너무 맵다고 생각했지만, 매우지 않았다. 그 다음에 친구들을 만나고 카페에서 공부했다. 하지만 친구들 하고 같이 너무 많이 이야기하고 시간이 없어서 다 숙제를 안 했다. 내일 열심히 공부해야 한다.

선생님과 대화하기: 이메일이나 SNS에 글 남기기

쓰기 연습은 반드시 공책에다가 연필로 해야 한다는 고정관념을 버려야

한다. 초급 단계에서는 한글 자모에 익숙해지게 하기 위해서 직접 쓰는 연습이 필요하지만, 요즘은 대부분의 문서 작업이 컴퓨터를 통해서 이루어지고 있고 메일이나 축하 카드도 전자화되고 있기 때문에 컴퓨터나 휴대 전화를 이용해서 쓰기 연습을 다양하게 할 수 있다.

학생들에게 간단한 문자를 보내게 해서 교사가 댓글을 다는 방식으로 연습을 하거나, 페이스북, 트위터 등의 SNS를 통해서 교사와 학생이 서로 의견을 주고받으면서 쓰기 연습을 할 수도 있다.

긴 글쓰기 연습을 위해서는 인사, 부탁, 사과, 건의 등의 목적을 가진 이메일을 한국어 교사에게 보내게 한 후, 교사가 메일 내용 중에서 틀린 부분을 고쳐 주는 방식으로 쓰기 훈련을 할 수 있다.

🏠 학생들의 필요에 맞는 쓰기 활동

쓰기 활동도 학습자들이 한국어를 배우는 목적에 맞을 때 가장 즐겁게 참여할 수 있고 효과도 극대화될 수 있다. 쓰기 수업마다 지루하다고 몸을 비틀던 학생이 한국인 여자 친구가 생긴 후 연애편지 쓰는 법을 배우기 위해 눈을 초롱초롱하게 뜨고 문장 하나라도 놓치지 않으려고 열심히 공부하던 모습이 기억난다. 학생들에게 모두 동일한 쓰기 과제를 주기보다는 그들의 필요에 맞는 쓰기 활동을 개발해서 개별적으로 과제를 부여하는 것도 고려해 볼 수 있다.

결혼이주여성에게는 시댁 어른께 편지 쓰기나 공공기관 문서 작성(은행 계좌, 동사무소 서류 접수 등)과 같이 생활에 필요한 쓰기 자료를 작성하는 연습을 하게 할 수 있다. 직업이 기자인 학생에게는 한국 신문사에 자료를 요청하는 글쓰기나 신문 기사를 요약하는 쓰기 활동이 효과적이다. 이를 통해 다양한 정보를 얻고 전문 분야에서 사용하는 어휘와 표현도 익힐 수 있어 만족도가 높아질 것이다.

한국 대학에 입학하려고 준비 중인 학생들에게는 입학지원서, 이력서, 자기 소개서 등 입시에 필요한 양식을 연습시킨다. 보고서 쓰기, 논문 쓰기와 같이 난이도가 높은 쓰기 활동을 하게 될 것을 대비하여 전공 개론 서적을 읽고 요약하는 활동도 추천할 만하다. 또한 전공이나 교양과 관련된 주제에 대해서 목차를 구성하고 개요를 써 보는 연습도 필요하다.

📖 재미있는 쓰기 활동

공부는 힘들고 지루한 것이 아니다. 공부인지 아닌지 모르는 사이에 실력이 늘고 숙제인지 아닌지 모르는 사이에 연습을 할 수 있는 방법이 있다면 그야말로 최고의 교육 방법일 것이다.

한국어 학습자들이 한국에서 친구를 만나고 서로의 일상을 나눌 수 있는 생활 속의 글쓰기 활동을 찾아보자. 그러면 외국인 학생들도 부담 없이 자연스럽게 쓰기 연습을 할 수 있을 것이다.

서로의 글을 고쳐 주는 인터넷 사이트

최근에는 인터넷에다가 외국어로 글을 올리면 그 언어를 사용하는 모어 화자가 서로서로 글을 고쳐 주는 사이트도 많다.

예를 들어, lang-8(www.lang-8.com)에서는 배우고 싶은 언어를 선택하고 인터넷으로 일기를 쓰면, 자신이 쓴 글 아래에 원어민 화자가 잘못된 부분을 수정해서 댓글을 달아 준다. 반대로 다른 사람이 쓴 글에 댓글을 달 수도 있다.

물론 이 사이트를 이용하는 사람들은 모국어에 대한 전문가가 아니기 때문에 때때로 잘못된 수정을 하는 경우도 생긴다. 그러나 외국어로 글을 쓰는 것에 대한 부담감을 줄여 주고 비용도 들지 않으며, 외국인 친구도 사귈 수 있어서 요즘 외국어를 공부하는 젊은 사람들에게 인기를 얻고 있다.

다양한 쓰기 활동 방법에 대해서 알고 싶으면 다음의 책과 논문을 참조할 수 있다.

국제한국어교육학회(2010), 한국어 **표현교육론**, 형설출판사.

권정아(2012), 페이스북을 이용한 한국어 초급 수업 -쓰기 활동을 중심으로-, 한국어
교육 23-4, 1-29쪽.

박미선(2008), 교사의 일기 댓글이 재외교포 자녀의 쓰기 능력 향상에 미치는 영향
연구 -중국 선양 한글학교를 중심으로-, 국제한국어교육학회 국제학술발표논문
집, 509-548쪽.

이것만은 꼭

✓ 학습자의 수준과 요구에 맞는 다양한 쓰기 활동이 필요하다.

✓ 쓰기 교육에서 일기는 매우 효과적인 쓰기 활동이 될 수 있다.

✓ 일상적인 내용뿐만 아니라 다양한 주제와 방식으로 자신의 이야기를 쓸 수 있도록 교사가 방향을 알려 주어야 한다.

 생각해 보기 확인

다음 중 맞다고 생각하는 것에 ✓ 표시를 해 보세요.

☑ 초급 단계부터 일기 쓰기를 연습시키는 것이 좋다.

➡ 맞아요. 읽기는 아주 간단하고 짧은 글부터 긴 글까지 자유롭게 쓸 수 있기 때문에 초급 단계부터 활용할 수 있습니다.

☐ 중급 단계에서는 반복되는 똑같은 일기 내용이라도 매일 연습해 보는 게 좋다.

➡ 틀려요. 중급 단계에서는 너무 똑같은 내용은 지루해지기 때문에 다양한 주제나 방법의 일기 쓰기를 하도록 지도하는 것이 좋습니다.

☐ 이주여성에게는 쓰기 연습이 필요하지 않다.

➡ 틀려요. 쓰기 능력은 어휘력과 표현력, 논리력에 영향을 끼치기

때문에 대부분의 학생에게 쓰기 연습이 필요합니다. 단, 학습자의 수준과 목적에 맞는 연습 방법을 알려 주어야 합니다.

☐ 인터넷을 통해서 쓰기 연습을 하는 것은 직접 손으로 쓰는 것이 아니기 때문에 효과가 없다.

➡ 틀려요. 인터넷이나 SNS를 통해서 쓰기 연습을 하면 교사와 학생 간의 상호작용도 이루어지고 교사를 통해서 잘못 쓴 것에 대한 피드백도 받을 수 있기 때문에 효과적인 방법입니다.

다양한 일기 주제

날마다 반복되는 생활 속에서 독창적인 글감을 찾아내기가 쉽지 않다면 교사가 먼저 쓰기 주제를 주는 것도 한 방법이라고 할 수 있다.
다양한 일기(혹은 글쓰기) 주제를 단계별로 제시하면 다음과 같다.

● 초급 단계에 적합한 일기(쓰기) 주제
- 자기소개
- 재미있는 친구 소개
- 가족의 좋은 점 하나씩 쓰기
- 자기 나라의 대표적인 음식 소개
- 고향에서 제일 아름다운 곳 소개
- 여행 경험담 쓰기

● 중급 단계에 적합한 일기(쓰기) 주제
- 감동적인 영화(책) 소개
- 가장 존경하는 사람 소개
- 한국에 와서 실수한 경험 쓰기
- 10년 후의 모습을 상상해서 써 보기
- 재미있는 한국 문화(자기 나라의 문화) 소개
- 한국 사람과 자기 나라 사람의 성격 비교하기

● 고급 단계에 적합한 일기(쓰기) 주제
- 책 읽고 독후감 쓰기
- 신문 기사 요약문 쓰기
- 자기 나라의 명절을 소개하기

- 뉴스 기사에 대한 자신의 의견 쓰기
- 한국의 역사적 인물(사건)에 대해서 조사하기
- 관심 있는 주제에 대해 인터넷으로 검색을 하고 결과를 정리하기

저자 소개

이윤진(Lee Yunjin)

한국어 교사로서의 출발점이자 인생의 전환점은 일본 관공서에서 국제교류 업무(JET 프로그램)를 맡아 지역 주민에게 한국과 한국어를 알리는 소중한 경험을 했던 시기다. '가나다라……'도 모르던 외국인이 한글을 떼고 점차 유창한 한국어를 구사하는 모습을 보는 것이 마냥 뿌듯하고 신기해서 다른 길로 한눈팔지 않는 사이에 강산이 두 번쯤 달라졌다. '자국의 한국(어)·문화 전도사'를 자청하는 애제자가 늘어나고 그들의 활약상을 접할 때 '천직'에 보람을 느낀다. 외국어로서의 한국어교육 전공으로 이화여자대학교에서 석사 학위를, 연세대학교에서 박사 학위를 받고, 현재는 연세대학교 학부대학과 대학원에서 유학생들에게 학업에 필요한 한국어를 가르친다. "수업의 질은 교사의 질을 넘지 못한다."라는 말을 늘 되새기고 있으며, 국내외의 다양한 한국어 교육 현장의 문제와 교사 교육, 교육 자료 개발에 관심을 두고 있다.

이은경(Lee Eunkyung)

연세대학교에서 국어국문학을 전공하며 국어 교사의 꿈을 품고 교원임용고사를 준비하던 시절이 있었다. 해외 선교사 자녀와 이주노동자들을 만나면서 외국인을 위한 한국어 교육의 필요성에 눈뜨게 되었고, 외국어로서의 한국어교육 전공으로 연세대학교에서 석·박사 학위를 받았다. 모교의 한국어학당에서 재직한 14년 동안 약 3,000명의 다국적 제자를 길러 냈고, 그중 일부는 고국에 돌아가 한국어 교사로 활약 중이다. 현재는 세종사이버대학교 한국어학과 교수로서, 그동안 현장에서 배우고 경험한 노하우를 바탕으로 '외국인 학습자의 귀와 입, 그리고 마음을 열어 주는 한국어 교사'를 양성하는 일에 제2의 인생을 걸고 있다.

한국어 만세 시리즈

한국어 교육 입문 ②

-교육 내용 편-

Striving Series for Excellence in Korean Learning & Teaching

An Introduction to Teaching Korean ②
-Focusing on Education Content-

2015년 10월 15일 1판 1쇄 인쇄
2015년 10월 20일 1판 1쇄 발행

지은이 • 이윤진 · 이은경
펴낸이 • 김진환
펴낸곳 • ㈜ 학지사
　　　　121-838 서울특별시 마포구 양화로 15길 20 마인드월드빌딩
대표전화 • 02)330-5114　　팩스 • 02)324-2345
등록번호 • 제313-2006-000265호

홈페이지 • http://www.hakjisa.co.kr
페이스북 • https://www.facebook.com/hakjisa

ISBN 978-89-997-0759-9 03700

정가 13,000원

이 도서의 국립중앙도서관 출판시도서목록(CIP)은 서지정보유통지
원시스템 홈페이지(http://seoji.nl.go.kr)와 국가자료공동목록시스템
(http://www.nl.go.kr/kolisnet)에서 이용하실 수 있습니다.
(CIP제어번호: CIP2015027924)